LE COMTE CATTA

Le Comte CATTA

LE

COMTE CATTA

1839-1902

VANNES

IMPRIMERIE LAFOLYE FRÈRES

—

1907

LE COMTE CATTA

1839-1902

I

PAYS. — NAISSANCE. — FAMILLE. — EDUCATION.

La Corse est l'une des provinces les plus pittoresques de la France, c'en est aussi l'une des moins
connues. De trop rares voyageurs nous ont rap-
porté les impressions presque toujours enthousias-
tes, suscitées en eux par les sites enchanteurs de
cette île et les mœurs fières de son peuple. Quelques
lignes tristes de Sénèque, les descriptions de Prosper
Mérimée dans ses Nouvelles (1), les relations de Jean
Lorrain (2), un long et intéressant article de La-
rousse, et quelques ouvrages locaux (3), voilà à peu

(1) Colomba, Matteo Falcone.
(2) Heures Corses.
(3) La Corse, par Galetti.

près toute la part occupée par la Corse dans la littérature. Sans doute ce pays, l'une des plus belles acquisitions de la monarchie, mérite mieux, mais peut-être ne doit-il pas s'en plaindre, car cette demi-obscurité lui a valu d'échapper à l'invasion cosmopolite dont n'ont pu se garder les côtes de Provence, ni celles de Bretagne. Isolée au milieu des flots et sans relations très rapides avec le continent, l'île a conservé son originalité et comme une sorte de mystère qui constituent son principal attrait.

La côte orientale présente un violent contraste avec celle de l'Ouest. Du côté de la Toscane, on rencontre des plages basses, des embouchures de torrents obstrués, des étangs, des plaines d'alluvions fécondes, mais d'où s'exhale parfois l'haleine de la *Malaria*. On dirait un morceau dessoudé des Marennes de l'antique Etrurie. A regarder le grand large par où viennent les vents du pays des Espagnes et les brises parfumées de la côte d'Azur, la mer a creusé des anses, des baies, des golfes innombrables et charmants : Ajaccio, Calvi, Porto « la merveille de la Corse et l'une des merveilles du monde ».

Le centre de l'île est couvert de montagnes, dé dures roches de granit ou de porphyre rouge dont les sommets, de taille presque pyrénéenne, le couronnent comme d'un diadème de pierres précieuses. Dans cette région existe une assez grande quantité de petits lacs aux eaux profondes et limpides, comme enfermés dans des coupes de pierre. Sur les pentes, s'étendent de vastes forêts de pins, de chênes, de châtaigniers surtout qui ont valu à l'île le nom de *Castagniccia*.

Là où les bois ont disparu, abattus par le feu du ciel, les incendies, la hache des bûcherons ou la dent des 225.000 chèvres qui broutent les tiges tendres et les jeunes feuilles, sur des milliers d'hectares, s'étend la broussaille des arbustes de bonne odeur : myrtes, arbousiers, lentisques, bruyères arborescentes, petits chênes verts. Cette brousse est la grande caractéristique des collines et des montagnes basses qu'elle embellit, embaume et garde des dégradations et des ruines ; elle y conserve les sources que le soleil boirait jusqu'à les tarir. C'est aussi le *maquis* des sentiers tortueux, obstrués par de gros quartiers de rocs formant des cavernes et coupés par des ravins, des cépées épaisses qui en peu d'années atteignent sept ou huit pieds de hauteur. C'était là le domaine réservé de quiconque s'était brouillé avec la justice de son pays. C'est encore celui des bergers corses qui vivent au milieu de cette végétation luxuriante, gardant, le fusil à la main, leurs troupeaux de moutons et de chèvres.

L'histoire de la Corse n'est pas sans gloire. Les Romains ne soumirent pas sans peine ces insulaires « inhabiles au joug ». Il leur fallut cent ans pour les dompter. Dans les temps modernes, ils fatiguèrent à ce point les Gênois leurs maîtres, par leurs rébellions perpétuelles, que ceux-ci vendirent l'île à Louis XV, en 1768. Sous la vieille monarchie de France, le joug était doux. Après une lutte de courte durée dont Paoli fut le héros, l'île donna son cœur à la France pour toujours, ce qui faisait dire à Louis XVI : « les derniers de mes enfants ne sont pas les moins fidèles ».

Les Corses d'aujourd'hui ont gardé les principaux traits du caractère de leurs ancêtres : la fierté, l'horreur du travail manuel, le goût des aventures, l'exagération du point d'honneur, un sentiment religieux très profond et un amour passionné pour leur pays. Sans doute, l'île est devenue la proie des politiciens et des passions démocratiques, mais les plus grandes erreurs politiques dans lesquelles ce pays est tombé s'expliquent par des raisons locales et surtout par la pauvreté des habitants des villages, qu'ont su séduire les donneurs de promesses. Le fond n'a pas changé. Qu'on en juge par cette lettre qu'écrivait, le 24 juillet 1877, à celui dont nous entreprenons de raconter la vie, M. le général Fay, gouverneur de la Corse :

« Me voici à la tête de votre île enchantée. Quel beau pays ! et que j'étais enthousiasmé de ce que j'ai vu pendant mes nombreuses tournées ! Quel peuple et quel dommage que la politique le tue ! Quelle satisfaction j'éprouve d'en être écarté et de trouver chez ces braves gens, riches, humbles, habitants des villes ou campagnards, ce respect de l'autorité militaire qui a disparu de notre continent et qui se maintient ici dans toute son intégrité et ses manifestations extérieures. Quels soldats que ces gens avec leur mépris du danger et de la mort ! Quelles grandes choses on ferait avec eux ! et que je ferai certainement en cas de péril ! Ce n'est pas seulement de l'enthousiasme, c'est une véritable affection que j'éprouve pour eux. Car, dans ma situation, je n'apprécie que leurs qualités et laisse leurs défauts pour les politiciens. »

Tel est le pays auquel appartenait par sa naissance le comte Antoine-Benoît Catta. C'est dans la petite ville de Corte, en la maison Cortegiani qu'il vit le jour, le 24 novembre 1839. La famille de son père, Antoine-Dominique Catta, était d'origine italienne.

Fixée à Marciana dans l'île d'Elbe, elle avait été victime, vers le milieu du XVIIIe siècle, d'un attentat accompli dans des circonstances tragiques et où elle avait failli sombrer tout entière. Une nuit, des criminels dont le vol ou la haine avait armé la main, pénétrèrent dans la maison et exterminèrent toutes les personnes qui y reposaient, y compris un enfant au berceau. Un seul des membres de la famille, qui se trouvait alors en voyage, échappa au massacre. Aussitôt après son retour, il voulut fuir les lieux où trop de deuils, de douloureux et tragiques souvenirs l'entouraient ; ayant liquidé à la hâte — plutôt mal que bien — son patrimoine, il vint s'établir à Bastia, en Corse.

Antoine-Benoît Catta était le dernier-né de huit enfants dont cinq moururent en bas âge. Homme modeste mais non sans mérite, M. Dominique Catta, son père, fit toujours preuve d'une droiture d'esprit et de cœur qui lui eussent mérité un rôle plus marqué, si des événements sur lesquels nous aurons à revenir ne l'avaient forcé de rester longtemps loin de son pays. Quant à Mme Catta, née Saveria Rossi, c'était une femme d'un esprit supérieur, de sentiments élevés, d'une volonté persistante et ferme. Elle laissa le souvenir d'une sainte. A sa mort, on recueillit un cilice qu'elle avait porté. Au milieu de circonstances difficiles, elle sut trouver dans son dévouement maternel la force de tous les sacrifices.

A cette époque, il n'y avait à Bastia ni lycée, ni collège. M. et Mme Catta étaient donc venus se fixer à Corte et leur fils aîné entra au collège de cette ville. Quant à Antoine, ses premiers maîtres furent les Frères des Écoles chrétiennes. Au moment où sa mère le remit entre les mains de ces humbles mais parfaits éducateurs, son père venait de quitter la Corse. En 1844, M. Catta s'était embarqué pour le port de Mobile, aux États-Unis d'Amérique (1), afin d'y rejoindre son frère. Ce dernier, à la tête d'un important commerce de mosaïques, n'avait pas d'enfants et l'avait appelé près de lui, lui demandant de l'aider à liquider une situation qui paraissait brillante et dont il voulait le faire bénéficier, lui et ses enfants.

Tout alla bien d'abord et, le séjour des deux frères ayant dû se prolonger, Jean, l'aîné des fils de M. Dominique Catta, vint les rejoindre. Il était depuis six ans en possession du diplôme de docteur en médecine qu'il avait obtenu devant la faculté de Rome (2).

(1) Dans l'État d'Alabama, sur le golfe du Mexique.

(2) C'est le souvenir du Cardinal Sisco, cousin germain de sa grand'mère, Ursule Piétri-Catta, qui avait appelé à Rome Jean Catta. Sisco avait exercé les fonctions de premier chirurgien des Papes Pie VIII et Grégoire XVI. Il fut aussi le bienfaiteur des hospices de Rome et de Bastia : cette dernière ville a donné son nom à l'une de ses rues et conserve son buste à l'Hôtel-de-Ville.

Tenté peut-être par ce goût des aventures et de l'inconnu qui se retrouve toujours chez les Corses, le jeune docteur avait voulu, lui aussi, se fixer à Mobile. Il était à peine dans cette ville depuis deux ans et déjà il avait acquis, dit un journal local, « la haute réputation d'un savant médecin et d'un praticien heureux », quand éclata une épidémie de fièvre jaune. Le docteur Catta poussa le dévouement professionnel jusqu'au sacrifice de sa vie. Il mourut, atteint à son tour du mal contre lequel il luttait, le 1er octobre 1858, à l'âge de 33 ans, laissant une veuve et deux fils.

Ce coup fut affreux pour le père et pour l'oncle. Ce dernier ne put y survivre. La guerre de sécession venait d'éclater ; le port de Mobile était bloqué par la flotte du parti Nord. C'était en même temps la perte des créances qu'il n'était pas parvenu à recouvrer. Préoccupé de ses affaires, affecté surtout de ce qu'il avait lui-même attiré près de lui son frère et qu'il avait été la cause indirecte de la mort du neveu qu'il aimait tendrement, M. Catta succomba à tant de malheurs, laissant une situation difficile à celui dont il avait voulu assurer la fortune. Ce dernier dut rester quatre ans dans la ville assiégée. Ce fut seulement en 1860 que, la guerre étant terminée, il put songer au retour. Ayant vendu à vil prix les immeubles qu'il avait en Amérique, il employa le capital ainsi réalisé à une opération commerciale qui échoua encore, une tempête ayant englouti les cargaisons qu'il avait achetées, et c'est accablé de tous ces deuils et de tous ces échecs qu'il rentra enfin dans son île natale.

Avec quelle impatience y était-il attendu ! et aussi

quelle joie dut éprouver ce père en retrouvant au foyer, sur lequel avait veillé une mère admirable, la paix et la consolation. Les deux enfants qui lui restaient pouvaient à juste titre faire sa joie et son orgueil. Près d'une fille tendre et dévouée elle aussi jusqu'au sacrifice, l'attendait un fils auquel le mérite et le travail avaient acquis une situation brillante, digne représentant de la famille pour laquelle ce père s'était imposé vainement un si rude et un si douloureux exil.

Il nous fallait exposer d'abord ces circonstances pour mieux mettre en lumière les difficultés spéciales qu'Antoine Catta eut à surmonter dès sa première jeunesse, et qui contribuèrent à faire de l'aube de sa vie une phase particulièrement méritoire et touchante.

Quelques années après le départ de son mari, Mme Catta avait voulu aller rejoindre à Rome, avec ses deux autres enfants, son fils Jean, l'étudiant en médecine qui l'appelait instamment près de lui. C'était en 1850. Antoine n'avait que onze ans et venait à peine de faire sa première communion. Néanmoins le court séjour qu'il y fit à cette époque ne s'effacera pas de sa mémoire. Il se rappellera notamment l'impression qu'il éprouvait dans les églises de Rome et l'émotion qu'il ressentit à la vue des drapeaux et des uniformes des soldats français.

Le climat de Rome ne convenait pas à la santé de Madame Catta. Elle revint en Corse, mais retourna à Bastia. Un lycée impérial venait d'être fondé en cette ville ; Antoine y entra comme externe.

Quelques bulletins trimestriels des notes de l'élève ont été conservés. Ils indiquent tous un travail soutenu, joint à d'excellentes dispositions dans toutes les parties. L'un de ces bulletins, daté de 1856, classe de seconde, atteste qu'il a été premier en narration française, en histoire, en version latine, en mathématiques, en anglais, et le second dans les autres matières. Le proviseur ajoute l'appréciation suivante : « Très bon élève, laborieux, docile, il promet un bel avenir». Et de même en un autre bulletin : « Excellent élève dont je n'ai eu qu'à me louer pen- « dant toute l'année. S'il a eu *deux* moments d'ou- « bli, il les a bien réparés par sa conduite et son « travail. Il ne peut manquer de devenir plus tard « un homme distingué. »

A cette instruction solide se joignait une forte et chrétienne éducation dont l'enfant gardera l'empreinte toute sa vie. Les exemples et les leçons de son héroïque mère le suivront partout, et, selon l'appréciation de ses maîtres, « s'il ne peut manquer de devenir un jour un homme distingué », il sera aussi un homme de devoir.

C'est ainsi qu'il se révèle dès sa jeunesse.

Le 15 décembre 1858, ayant conquis au mois d'août précédent le diplôme de bachelier ès lettres, il quitte la Corse et se rend à Paris pour y faire son droit.

Étudiant a Paris. — Tristesses, Luttes et Victoires. — Succès a l'École de Droit. — Retour en Corse.

Ce qu'est trop souvent la vie d'un étudiant à Paris, ce qu'elle était surtout à l'époque où Antoine Catta quitta la Corse, — alors qu'aucune des œuvres de préservation et de formation consacrées de nos jours à la jeunesse des écoles n'existait, — il est inutile de le rappeler. Surtout parmi les étudiants en droit, ceux qui alliaient à un travail consciencieux une dignité de vie irréprochable et de continuelles aspirations vers un but élevé étaient l'exception. M. Catta fut de ceux-là.

Les succès qu'il remporta à l'Ecole de Droit et la bienveillante attention dont il fut l'objet de la part de ses maîtres disent ce que dut être son travail. M. Valette, qui occupait depuis 1837 la chaire de Code civil à la Faculté de Paris, lui manifesta notamment la plus flatteuse amitié. On sait quel maître admirable fut ce jurisconsulte auquel sont dues plusieurs réformes législatives et dont l'originale figure portait l'empreinte des vertus antiques. Des relations suivies s'établirent entre le professeur éminent et le jeune étudiant corse qui n'avait pour lui que ses qualités naturelles et son incessant labeur. M. Valette s'intéressa toujours à l'avenir de son élève et ce fut à cette haute amitié, qui à elle seule est un témoignage, que M. Catta dut en grande partie sa nomination de substitut. En 1878, quand mourut cet homme de science et de bien, il voulut donner à son élève, à ce moment magistrat à Nantes, une dernière et touchante marque d'estime ; il lui laissa par testament son code civil, annoté de sa main. M. Catta consacra au maître et au protecteur qu'il perdait une notice qui présente bien les traits marquants de cette intéressante figure.

Étudiant laborieux et distingué de ses maîtres, Antoine Catta se révèle aussi et surtout, à ce moment ainsi que dans toute la suite de sa vie, comme une âme particulièrement élevée, éprise du devoir et qui sait se vaincre elle-même.

On en jugera par quelques extraits des notes intimes, tour à tour charmantes, attendrissantes et sublimes qu'écrivit à cette époque l'étudiant en droit.

Paris, 20 juin 1859.

« Je résume ainsi une leçon d'aujourd'hui : il vous sera plus demandé selon qu'il vous aura été plus donné. Cette maxime est admirable pour expliquer le bien et le mal de ce monde.... et si l'on considère que le mérite et le démérite d'un homme est en rapport direct des facultés qui lui avaient été données pour faire le bien. Il y avait longtemps qu'une telle pensée germait, s'agrandissait dans mon esprit ; il m'était souvent arrivé de me dire en comparant mes actions plus ou moins mauvaises aux actions d'un autre, en tout semblables aux miennes : je suis pourtant plus coupable ! oui, plus coupable, parce que je sais, je vois mieux le mal que je fais, et je le fais pourtant, tandis que les autres y vont par indifférence ou par ignorance. Souvent aussi, sous l'impulsion de la même pensée je m'étais dit : j'avais promis, ou plutôt j'avais demandé à Dieu que ma vie fût exempte du mal, ou que du moins, si pendant mon passage sur cette terre, je devais un jour vouloir et faire le mal (plût à Dieu que je ne l'aie déjà fait), que du moins il retombât tout entier sur moi.... Oui, il m'est pénible de songer au mal qui a germé et grandi, sinon dans mes actions, au moins dans mon âme, dans les plus intimes de mes pensées ; mais il me serait insupportable de savoir que le mal que j'ai fait ait nui à mes semblables, à des êtres qui sont mes frères, que je dois chérir, respecter comme moi-même, ou du moins, si je n'ai cette force sublime de la charité, aux droits desquels je ne dois jamais attenter.

Etre malheureux, souffrir, vivre dans l'amertume et les déceptions, j'y consens, pourvu que du moins sur mon lit de mort, je puisse reporter en paix mes regards sur ma vie passée, faire passer devant moi chacun de mes jours, et me dire : non, nul n'a senti mon passage sur la terre que par le bien que j'ai pu lui faire. Oui, mon Dieu ! s'il ne m'est point donné de faire le bien comme vous le fîtes dans votre vie tout entière, accordez-moi du moins la grâce de passer la mienne ignoré, inconnu, il est vrai, mais pourtant sans nuire, sans gêner. Accordez-moi, ô mon Dieu, de faire sentir mon

existence par le bien accompli, ou si c'est trop demander, que nul ne sente mon voisinage, que je sois comme
l'eau qui se perd aux sables du désert, inutile aux
voyageurs, mais non pas comme le torrent qui dévaste
les plaines du riche et le jardin du pauvre. Accordez-
moi cela, ô mon Dieu, et l'amertume de ma vie sera
douce, et je pourrai à mon dernier moment reposer
pour jamais ma tête fatiguée, sans que le trouble et le
remords viennent accabler mon âme... »

Est-il besoin de commenter ces lignes, écrites à
20 ans, dans la fougue de la jeunesse, en pleine saison
des passions ?.. On en lit de semblables dans la vie
des saints. A quel degré de perfection morale était
déjà arrivé ce jeune homme qui acceptait d'avance
les amertumes, les souffrances, les déceptions de la
vie, et qui mettait toute son ambition en ce vœu :
« que nul ne sente son passage sur la terre, que par
le bien qu'il aura pu faire » !

Qu'on n'aille pas prendre cette sérénité d'âme pour
un calme dénué de luttes et de mérites. Elle fut au
contraire le résultat d'efforts continus et particulièrement héroïques pour une nature ardente qui connut toutes les tentations, mais qui sut remporter
toutes les victoires. On pourra en juger par cette
autre note écrite à Paris, le 12 mars 1860 :

« Les pensées de l'oisiveté sont mauvaises. Le travail
est un spécifique admirable contre les entraînements
des sens et le feu des passions. Parfois, il m'arrive de
sentir mon cœur se gonfler ; une sensation vague,
indéfinie, mais profonde, parcourt mon être ; mon sang
bouillonne ; ma tête brûle ; je reconnais les signes
précurseurs de la tempête, je prends un livre de droit,

le plus sec, le plus aride, le plus ennuyeux si c'est possible, je pose mes deux coudes sur la table, mes deux mains pressent mon front et je m'enfonce dans ma lecture. Peu à peu, les flots tumultueux s'abaissent, mon pouls bat moins vite et moins fort, le calme naît, la paix règne, la volonté a vaincu, l'esprit a dompté la chair. Il est vrai que souvent le combat est rude et la victoire pénible, mais la paix dure longtemps, car ainsi l'a voulu la nature : plus l'effort est grand, plus l'effet est durable. Usez vos bras à creuser le roc et la maison que vous construirez craindra peu les secousses des vents et la lime des âges. »

Aux tentations habituelles de la jeunesse, augmentées de toute la vivacité d'impression et de toute l'ardeur du tempérament corse s'ajoutait pour Antoine Càtta le dangereux isolement dans lequel il se trouvait. Eloigné des siens et de son pays, ne pouvant pas absolument compter sur un avenir assuré, il était porté par les circonstances comme par sa nature à des sentiments de tristesse dont, seuls, ceux qui en ont éprouvé de semblables peuvent apprécier le poids et le danger. De quelle force d'âme dut s'armer pour en triompher celui qui, à la fleur de sa jeunesse, écrivit les lignes suivantes, dont on sentira l'amère mélancolie.

Paris, 13 avril 1861.

« Le bonheur de l'homme est dans l'oubli, non dans l'espérance. Voyez l'enfant : il sent vivement, souffre beaucoup, car le moindre choc lui cause une blessure profonde, la moindre contrariété l'afflige et le plonge dans la douleur jusqu'aux larmes. Il tourne la tête, il oublie, tout est fini... L'homme est blessé, il cherche à se distraire, court à droite, court à gauche, se plonge dans le plaisir, se voue à l'ambition, poursuit les honneurs et la gloire ; il se démène et se consume. Vains efforts, le ver est au fond de son cœur... Le souvenir du mal éprouvé, de l'injure reçue, du malheur souffert le suit partout, l'enserre de ses étreintes, l'oppresse. Le malheureux se débat, se travaille, s'épuise : le ver ronge toujours, le souvenir est là. Colère, résignation, espérance ou désespoir, rien n'y fait, le ver ronge. Parfois pourtant, un éclair qui passe, la foudre qui tombe, le parfum d'une fleur, les charmes d'un sourire, le chant harmonieux d'une bouche divine captive les sens, enchaîne l'esprit, le cœur s'oublie. Tout vient alors : rêves dorés, douce espérance, joies et contentement du cœur, mais tout à coup le ver se reprend à ronger et le bonheur fuit. C'est qu'en effet notre cœur s'est durci, sous les orages et les coups du temps, et, comme certaines pierres, il reçoit facilement les empreintes, mais les garde longtemps. Le mal est qu'en ce monde les mauvaises empreintes sont les plus fréquentes et, voilà pourquoi l'on est malheureux. On ne peut rien oublier, ni le passé, ni le présent, ni la pensée de l'avenir, rien, ni les souffrances de ses amis, ni le triomphe de ses ennemis et leurs injures, ni les besoins de son cœur, rien, rien, et l'on souffre.

L'homme pour être heureux revient sur ses pas, il se fait enfant, il s'oublie. Mais qui est l'homme qui peut si facilement, si souvent oublier les besoins de ses frères et les siens ? C'est un enfant, et l'homme enfant est bien triste. »

Cette tristesse, qui tenait peut-être un peu de ce *mal du siècle* auquel échappèrent peu d'âmes, même des plus généreuses et des plus élevées, avait surtout pour cause les événements douloureux qui s'étaient abattus sur la famille de l'étudiant. Impuissant à consoler les siens et appelé à devenir leur soutien, il frémissait devant la grandeur de la tâche. Jointes à un immense besoin d'aimer et de se dévouer, cette inquiétude et cette souffrance éclatent dans cette longue plainte, écrite en une nuit qui fut sans doute une crise décisive, mais qui se couronna par le triomphe de la prière, dans un acte de foi et de confiance en Dieu.

Paris, 2 février 1861,
de 11 heures et demi à minuit 3/4.

Je n'écris plus ou très rarement. A quoi bon ? Je ne pourrai que répéter ce que ma triste plume a si souvent tracé ! Je ne pourrais que dire ces mots désolants : ma vie est triste et amère. J'ai un vide immense au cœur et je ne puis le remplir. Quelque part que je me tourne, je ne trouve rien pour satisfaire ce besoin infini, indéfinissable, qui me saisit et me pénètre jusqu'au plus intime de moi-même. J'ai des envies de pleurer, des besoins d'aimer, de jouir de l'existence et ne trouve rien qui me console, qui adoucisse l'amertume de mon âme, calme la soif qui me dévore. Il est à la vérité des cœurs généreux qui m'aiment, mais leur amitié, leur affection, leur dévouement ne peuvent me suffire, et quand, pensant à eux et à tous les infortunés qui ne peuvent comme moi réchauffer leur cœur au feu d'une ardente amitié, je me dis : « pourquoi me plaindre ? n'ai-je pas des amis qui m'aiment, des parents qui m'adorent ?.. » Cela ne peut me suffire. Cela ne comble point l'abîme de mes désirs, de mes besoins... Je suis injuste, je le sais, égoïste, je le sais encore, insatiable, je le sais aussi, je le sens et c'est cela même qui fait mon malheur. Si encore je savais au juste ce que je veux, si mes pensées pouvaient suivre un but déterminé! Mais non, je désire tout et je ne veux rien... Chose étrange, incompréhensible. je me sens malheureux, je me plains de l'être et cependant je ne comprendrais que je ne le fusse pas : je me plais à me sentir malheureux, à savourer une à une mes douleurs et mes tristesses. Je me tisse d'épouvantables romans. Je fais des rêves inexplicables d'un malheur sans fin, ou bien je bâtis de superbes châteaux, je fais de magnifiques projets, je trace à mes yeux ravis le spectacle délicieux d'un bonheur surhumain, et tout à coup, sans motif, je dirai presque fatalement, j'amène de terribles catastrophes qui réduisent tout en fumée et couvrent tout de cendres et de larmes. Que de fois je me suis surpris, au milieu d'un groupe de joyeux amis, tandis qu'ils riaient autour de moi... à rêver à un malheur prochain, à une mort, à un désastre, que sais-je? Que de fois me suis-je arrêté, dans une promenade ou une rêverie solitaire, déroulant dans mon imagination, les larmes aux yeux... une longue suite de malheurs inouïs, que je me créais à plaisir et dont je suivais le fil avec une logique singulière, affreuse dans ses effets, aussi irrésistible que s'il s'agissait de tout autre que de moi ou des miens, ne pouvant empêcher le déchirement de mon âme!

Hier encore, en me couchant, j'ai supporté un de ces terribles accès. Je quittais quelques amis... on avait parlé de bonheur, de malheur, de caractères qui se plongent naturellement et d'eux-mêmes dans cet état. Je rentre chez moi rêveur et attristé, me gourmandant et me plaignant. Je me fais des raisonnements : je suis un fou ; mes malheurs sont imaginaires, pourquoi m'affliger? pourquoi ne pas prendre la vie comme les autres ?... Mais ici accourent le souvenir de la mort de mon frère, de ses enfants... l'image de mon père en exil, de ma mère et de ma sœur, tous comptant sur moi, tous vivant de l'espérance qu'ils ont placée en moi,... et moi faible, tourmenté et malade... (1). Je chassais ces idées, je faisais ma situation semblable à celle de mes amis. La souffrance, la tristesse me restaient, et toujours, inévitablement, je m'écriais avec une sorte de rage : mais ne suis-je pas malheureux de croire qu'en effet je le suis ? Et réellement, à quoi bon le bonheur, si on croit ne pas l'avoir ?... Enfin je me couche ; ces noires pensées me suivent, j'ai beau vouloir les éviter, j'échappe à l'une, je tombe dans une autre, et me voilà couché sur mon lit de mort, prononçant une à une mes dernières paroles, exprimant mes dernières volontés, faisant à mes amis et à mes parents mes suprêmes adieux. Un sentiment inexplicable remplissait mon âme ! je pleurais et sanglotais sur mes parents, privés ainsi dans leurs vieux jours de leur dernière espérance, ma respiration était haletante, mon cerveau brûlait, j'étouffais, je crus qu'en effet j'allais mourir ou devenir fou. Je me rassis sur mon lit, je m'adressai à Dieu. Je lui demandai pardon de mes fautes et me déclarai soumis à sa volonté quelle qu'elle fût, pourvu qu'il daignât m'accorder la force de supporter ses arrêts. Je lui recommandai mes parents, mes amis, je le suppliai de leur accorder à pleines mains toutes ses bénédictions, de leur rendre en bonheur toute l'affection qu'ils avaient mise en moi, de leur faire la vie aussi douce, légère et aimable qu'elle m'avait paru insupportable dans mes plus cruels moments d'ennui et de découragement ; je mis enfin, résolument, avec

(1) M. Catta souffrait alors de violents maux de tête et de douleurs d'estomac, qui sans doute étaient aussi pour quelque chose dans la tristesse qui l'accablait.

confiance, mon âme entre ses mains miséricordieuses.
Je pleurais, je pleurais abondamment...

Ces larmes me furent utiles. La coupe trop pleine
avait versé le surplus qui allait la faire éclater ; je me
sentis soulagé, l'élan impétueux, confiant, sans restriction, que j'avais envers Dieu me rassura. Je me cram-
ponnai en la miséricorde divine comme à une ancre de
salut. Le calme revint peu à peu, je me sentis affermi
sur un roc inébranlable. Je me recouchai et m'endormis
paisiblement. Soyez béni, mon Dieu, de m'avoir tiré
d'un pareil abîme. Dans de tels moments, la mort ou la
folie, voilà ce qui attend l'infortuné qui s'y trouve
plongé. Ce que j'ai souffert, je ne pourrai le dire ;
mais il est certain que ce fut une crise terrible. J'en ai
eu de semblables, mais non pas, autant que je me
souviens, d'aussi fortes. Ma plume ne pourra jamais
écrire ce que j'ai éprouvé.

Hélas ! je reconnais avec effroi que cette crise d'hier
ne sera pas la dernière.... Ce soir, mes funestes
idées m'ont repris. Je sentais le flot qui montait. Je
me suis mis à écrire pour me soulager. Peut-être ai-je
réussi. Je crois d'ailleurs que je dormirai : il est tard
et je suis fatigué. Du reste, advienne que pourra, je me
mets entre les mains de Dieu... Je sens qu'au fond du
cœur je puis dire avec foi : *ave, crux, spes unica*, et que
Dieu ne m'abandonnera pas. Je crie encore avec la
même foi et avec résignation : *Fiat voluntas tua*, certain que, quoique ma piété soit froide, mon ardeur
presque éteinte et mes péchés nombreux, il me donnera
la force de supporter dignement les épreuves qu'il lui
plaît et lui plaira de m'envoyer ! »

Il nous fallait citer toute cette page. Les tentations
et les luttes qu'elle révèle sont celles dont furent
affligées de tous temps les grandes âmes. Ceux qui

dans la suite connurent M. Catta purent admirer la belle sérénité, l'inaltérable confiance en la Providence, l'inflexible sentiment du devoir dont rayonne toute sa vie. Ils ne surent pas que c'était le résultat de combats intérieurs particulièrement durs où cette nature troublée s'était vaincue elle-même. Noble exemple qui valait bien d'être mis en lumière et qui suffirait à illustrer cette vie.

Mais qu'on ne pense pas que de telles victoires sur lui-même aient rendu ce cœur inflexible et sévère pour les défaillances des autres. Quelle charité délicate et quelle exquise bonté apparaissent au contraire dans ces réflexions où il se révèle sans pitié pour le mal et plein de compassion pour le pécheur.

Paris, 13 juin 1860.

« Pour toutes passions, surtout pour la concupiscence, soyez de la plus grande sévérité pour vous-mêmes, mais indulgent pour les autres. Savez-vous quels motifs ont pu porter cet homme, cette femme, à commettre cette action blâmable, honteuse, coupable ? Savez-vous quelle éducation ils ont reçue, quelle impulsion ils ont subie ? Connaissez-vous dans quelle circonstance ils se sont trouvés, comment leur intelligence, leur cœur, leur âme a été suprise ?... Il y a tant de plis et de replis dans la conscience humaine. Rappelez-vous que l'homme le plus parfait a toujours un peu de poison dans l'âme ; que celui qui n'a point péché par ses actions a du moins péché par ses lèvres, et que si ses actions ni ses lèvres n'ont donné prise à la condamnation ni au blâme, son cœur a du moins caressé le mal... Quand on vous demande la condamnation de

votre frère, pensez d'abord à vous-même, et si, selon
la parole du Juste, vous ne vous sentez pas coupable,
jetez-lui la première pierre. Ceci ne veut pas dire qu'il
ne faille condamner le mal ; loin de là, il le faut poursuivre et combattre sans paix ni trève, en tout et partout.
Mais gardez-vous en frappant le mal sans pitié, de
frapper aussi sans miséricorde votre frère pécheur.
Outre qu'il est votre frère et que vous devez l'épargner
comme tel, vous devez aussi être indulgent pour ses
fautes, car si vous ne les avez pas commises, vous
pourriez fort bien les commettre, étant de même nature,
et ayant les mêmes vices et les mêmes passions que
lui. Ayez donc toujours ceci pour règle de conduite :
haine implacable pour le mal, indulgence pour le
pécheur. La vertu est plus vraie et plus aimable quand
celui qui la pratique comprend qu'il y ait des hommes
assez infortunés pour la fuir, et qu'il pleure sur leur
infortune. »

Citons aussi une admirable prière que nous trouvons dans les notes écrites à cette époque. Les plis
qu'a gardés la feuille jaunie montrent que l'étudiant
la portait sans doute sur lui.

« Voici encore une nuit qu'il vous a plu de m'accorder
pour réparer les forces de mon corps et restaurer, par
le repos, les facultés de mon âme ; soyez-en remercié,
ô mon Dieu tout-puissant. Je m'anéantis à vos pieds
pour adorer votre majesté suprême, et pour vous offrir
l'expression de ma reconnaissance la plus profonde et
de mon abnégation la plus absolue. Mon Dieu ! que de
grâces j'ai obtenues de votre infinie bonté ! et cependant quels sont mes mérites ? Des fautes et des offenses
continuelles à vos divines lois. Mais vous êtes bon,
ô mon Dieu, infiniment bon, votre miséricorde surpasse
mon iniquité, et c'est pour cela que vous me comblez

chaque jour de bienfaits infinis. Pour vous remercier, ô mon Dieu, moi j'implore de nouvelles grâces. Oui, mon Dieu, je vous en demande pour moi, humble pécheur, et pour tous ceux pour lesquels vous voulez que je prie. Accordez à mes parents avant tout la grâce suprême d'obéir à vos commandements sacrés, de marcher toujours dans la voie droite, puis un rayon de bonheur, le calme d'une conscience pure et d'une vie sainte et les joies de l'espérance. Ecartez d'eux les malheurs et les maladies. Accordez à leurs jours la prospérité, l'abondance et la paix. En un mot, que votre main s'étende sur eux et les couvre d'une égide impénétrable, qu'elle répande sur leurs têtes l'abondance de vos bénédictions, et s'il vous plaît de les éprouver, donnez-leur la force et la grâce de sortir victorieux de l'épreuve.

« Quant à votre serviteur, ô mon Dieu, accordez-lui de marcher toujours droit et ferme dans le sentier de la justice et du devoir ; faites qu'il remplisse selon votre Cœur la mission que vous lui avez confiée (car tout homme reçoit de vos mains une mission en venant en ce monde) ; faites que chacun de ses jours porte son fruit comme le denier confié par le maître au serviteur, et qu'il ne soit point stérile comme le denier que le serviteur enfouit dans la terre de crainte de le perdre. Mon Dieu ! je ne demande pas la prospérité, la richesse et la gloire, ce ne sont là que des fleurs admirables, mais portant des fruits inutiles ou amers. Je vous demande ce que vous savez m'être nécessaire pour votre gloire et mon salut. Et si mes desseins et mes désirs étaient contraires à vos vues, daignez, ô mon Dieu, les plier, les anéantir, pour qu'il n'y ait rien en moi qui fasse obstacle à vos ordres éternels, rien qui puisse faire songer même à la plus minime vélléité de révolte ou de contradiction. — *Pater, Ave, Credo.*

« Souffrez aussi, ô mon Dieu, que je vous implore

pour ceux que vous avez rappelés de ce monde et qui dorment le sommeil de l'éternité : daignez les accueillir en votre sainte gloire, donner le pardon à leurs fautes et la palme à leurs mérites. Que ce soit votre miséricorde qui les juge et non votre justice ; car qui pourrait se justifier devant votre justice, ô mon Dieu ? Le fils de l'homme n'est-il pas engendré dans le vice et la corruption ! Je vous recommande en particulier mes parents... mes bienfaiteurs, mes amis, et ceux qui sont le plus abandonnés dans le lieu d'expiation et de souffrances. Daignez un jour, Dieu de bonté et de miséricorde, réunir dans votre sein ceux que le temps, les lieux ou la mort ont séparés et qu'avait unis la nature. — *De Profundis.*

« Très Sainte Vierge, Mère de mon Dieu, vous qui avez connu les souffrances et les besoins de la vie, vous que dans sa miséricorde Dieu a appelée pour servir à notre rédemption... soyez, je vous en conjure, mon avocate ; que vos prières suppléent à l'absolue insuffisance des miennes pour obtenir de Dieu toutes les grâces que je vous demande.

« Mes bienheureux Patrons, défenseurs qui m'avez été spécialement donnés, veillez sur moi dans mes épreuves, défendez-moi dans mes luttes, protégez-moi dans les dangers, et vous aussi, mon bon ange gardien, afin qu'un jour, uni à vous et à tous les anges et saints nous chantions les louanges et gloires de Dieu dans l'éternité.

« *Paris, 10 janvier 1860.* »

Cette prière, jointe aux pages admirables que nous avons déjà citées, témoigne de la solide et touchante piété du jeune homme dont l'humilité s'accusait de tiédeur et se reprochait le mal qu'il n'avait pu éviter,

« sinon dans ses actions, du moins au plus intime de ses pensées ».

D'autres notes nous révèlent quelles étaient ses habituelles occupations, ses travaux, ses lectures. L'étude consciencieuse et approfondie du droit prenait, en dehors de ses heures de cours, une grande partie de ses journées. Il y ajoutait de sérieuses lectures, et dans la liasse des pages jaunies couvertes de sa fine écriture qui remontent à cette époque, nous trouvons des réflexions et de longs commentaires sur les œuvres de saint Augustin, Bossuet, Massillon, la Bruyère, de Maistre, de Barante, etc... Il critique le style, analyse les ouvrages, garde des pensées qui l'ont particulièrement frappé. Il prend occasion d'un événement, d'une circonstance de minime importance en apparence, ou d'une discussion qu'il a eue avec un ami, d'une théorie énoncée au cours, pour s'élever à des considérations philosophiques qui témoignent d'un remarquable esprit d'observation, d'une forte logique, d'une précoce maturité de jugement. Il rencontre des mendiants dans la rue. Sa sensibilité d'homme et de chrétien souffre du spectacle de leurs misères et il souligne avec une ironie attristée le contraste de cette misère avec la devise d'Egalité et de Fraternité des hommes qui prétendaient renouveler la société. Un jour il se promène au Luxembourg. Il aperçoit un ouvrier qui poursuit un oiseau blessé. Il l'observe. L'oiseau s'échappe sans cesse et l'homme ne peut le saisir. Finalement, irrité de ses vains efforts, l'ouvrier met le pied sur le pauvre oiseau. Une femme passe et s'écrie : quelle horreur ! l'homme lui répond par une insulte. Puis, quand il se croit seul et à l'abri de tout regard, il reprend l'oiseau qu'il a presque écrasé, l'approche de sa poitrine et semble, avec une pitié touchante, essayer de lui rendre la vie. L'étudiant a tout observé. Il rentre chez lui, consigne sur ses notes ce menu fait et y découvre tout « le jeu de la passion ».

On pourrait croire qu'absorbé dans ses réflexions et dans ses études ou qu'attristé et abattu par les luttes intérieures que nous avons racontées, Antoine Catta ait été à cette époque dépourvu de l'entrain, de la vivacité, de la gaité qui sont le charme des jeunes années. Qu'on se détrompe. S'il fut le sage et le vertueux que nous connaissons désormais, il fut aussi le camarade le meilleur et le plus aimé de ceux qui partagèrent son intimité. Quelques-uns survivent de cette époque, déjà lointaine ; leurs noms, les situations auxquelles ils parvinrent, la valeur et les œuvres de leurs vies témoignent qu'ils étaient dignes les uns des autres. S'ils ne le retrouvèrent qu'à de rares intervalles, ils gardèrent toujours le meilleur souvenir de l'ami qui, dans ces années de jeunesse, leur avait révélé toutes les délicatesses et le charme de son affection.

Le 22 août 1861, Antoine Catta recueillait la récompense de son travail et obtenait le diplôme de licencié en droit. Le 20 juillet précédent, il avait mérité le second prix au concours général de la Faculté de droit : ce prix consistait en une médaille de bronze et une vingtaine de volumes.

Mais le moment était venu pour lui de regagner la

Corse. Sans doute il eut désiré rester à Paris et poursuivre des études dont les premiers résultats étaient
si encourageants. On lui avait fait des offres attirantes.
Le poste de secrétaire auprès du grand Berryer lui
fut proposé. Il ne put accepter. Le mauvais état de sa
santé lui commandait de prendre un repos qu'il ne
pouvait goûter qu'au sein de sa famille et sur le sol
natal. De plus, on sait avec quelle impatience il était
attendu à Bastia.

A la veille de quitter Paris, le 23 août 1861, il dit
adieu à toutes les espérances, à tous les rêves de
gloire et de noble ambition qui ont pu l'occuper
quelque temps, et il écrit avec calme, pensant à
l'avenir difficile qui lui est peut-être réservé :

« ...Je sais qu'à Bastia m'attend une vie rude et difficile, dans des limites étroites et bornées... C'est par
attachement à ma famille et par devoir que je tiens à y
rentrer. J'adore mon pays natal, mais la vie qu'on y
mène est rude ; puisse son sol bien-aimé, son ciel bleu,
sa mer moutonneuse me river, sans que je songe à me
plaindre, au barreau de Bastia ! »

III

Au barreau de Bastia. — Difficultés ; confiance continuelle en la Providence. — Entrée dans la magistrature. — Médaille d'or au concours de Toulouse. — Rapide avancement. — *La Liberté et le Devoir*. — Nomination a Nantes.

Le sentiment d'attachement fidèle pour la terre natale que manifestent les dernières lignes qu'ait écrites Antoine Catta avant de quitter Paris était celui que gardent tous les Corses pour leur chère île.

Il s'explique d'autant mieux que ce pays, — nous l'avons dit au début de cette biographie, — est l'un de ceux auxquels la nature a prodigué le plus de charmes. Cependant la ville de Bastia, où allait désormais se fixer, — pour toujours croyait-il, — le jeune licencié, n'est pas, de toutes les cités corses, la plus pittoresque ni la plus agréable. Dominée par la muraille des hautes montagnes qui sont comme « des arabesques violentes de granit » aux bords du golfe « d'un bleu léger de soie », la riante Ajaccio plaît davantage au voyageur. La gloire des Bonaparte a d'ailleurs ajouté à sa renommée et n'a pas peu contribué à enorgueillir cette ville, devenue le chef-lieu du département. Mais Bastia n'en demeure pas moins l'ancienne capitale, le cœur de la Corse, et plus fidèlement peut-être que sa rivale, elle a gardé son caractère de vieille cité. Située au nord, non loin du sauvage Cap Corse, tournée vers Gênes, l'ennemie traditionnelle qu'elle semble encore défier, elle est comme la proue du « vaisseau de granit » auquel on a comparé l'île. Les familles s'y sont perpétuées, gardant les anciennes traditions, les mœurs primitives, les qualités et les défauts de la race, les fières passions que n'ont pu émousser les progrès du temps et de la civilisation. C'est dire aussi qu'en cette ville, beaucoup plus peut-être qu'on ne se l'imagine aujourd'hui, les rancunes intestines sont restées vivantes, créant des obstacles difficiles à éviter pour les hommes que les événements, le mérite et le caractère mettent plus particulièrement en vue.

C'est à ces difficultés que songeait Antoine Catta en quittant Paris. A peine a-t-il abordé dans son île natale qu'il les voit de plus près. Elles s'unissent alors pour augmenter en lui l'inévitable sentiment d'inquiétude qui saisit ceux qui débutent dans la vie avec les seules armes de l'honneur et du travail. Résolu malgré tout à se frayer coûte que coûte un chemin, il prête serment comme avocat le 18 novembre 1861, devant la cour d'appel de Bastia, et le lendemain, il écrit :

« J'ai prêté serment hier. Les devoirs de la profession dans laquelle je suis entré sont grands... Saurai-je les remplir ? J'en ai l'envie, je le désire de toute la puissance de ma volonté : Dieu m'assiste et me guide !... Réussirai-je au barreau ? On me le prédit, on m'encourage ; mais ni les encouragements, ni les éloges n'ont jusqu'à présent aucune prise sur moi. Je ne me sens réellement pas la force de réussir. J'ai de la peine à m'occuper de mes propres affaires : les embarras, les soucis qu'elles donnent me fatiguent, et je pourrais me charger des affaires des autres ?... Je n'ai fait qu'approcher des dissentiments des hommes, et je les ai trouvés si nombreux, si difficiles, si ardus, parfois même si noirs ; je commence à voir les manœuvres de l'intrigue, la stratégie des coteries, la séduction tendue aux magistrats, les flagorneries des ambitieux, comment mon honnêteté, ma probité pourra-t-elle sortir saine et sauve de ce dédale ! Comment concilier mes intérêts, mon ambition, les besoins de ma famille et les miens, avec la justice, l'équité, la véritable dignité de l'homme et du chrétien ? Comment encore rester intact au milieu des passions qui m'entourent ? Ne m'a-t-on pas dit que j'étais trop entier ? Qu'il fallait connaître le faible des hommes et porter sur ce point mes attaques ? De plus, n'ai-je pas à lutter contre des réputations faites, des capacités incontestables, des positions prises, fondées sur les relations, les besoins et les obligations des familles ? Si encore j'avais pour moi le talent, j'arriverais à la réputation, voir même au bien-être, à force d'habileté, probe bien entendu, et d'éloquence. Le succès viendrait à bout de toute résistance, je saurais trouver ma place parmi les postes déjà occupés. Mais le talent, Dieu seul le donne, et lui seul sait si je l'ai. Si encore j'avais la santé, si je pouvais travailler, l'étude suppléerait au talent, je creuserais mon étroit sentier à coup de pioche. Du moins me servirait-elle à chasser mes ennuis, à occuper ma vie, à la consoler des illusions passées et des déceptions qui l'attendent. L'étude orne l'esprit, fleurit le cœur. Mais non, le travail m'est impossible. Voilà de longs mois que ma tête appesantie et mes reins brisés ne me permettent plus de me courber impunément sur un livre. L'étude me fatigue et m'accable, l'ennui m'oppresse, et le chagrin me consume. Que vais-je devenir ? *In manus tuas, Domine, committo me.* »

La Providence ne devait pas manquer de venir au secours de celui qui si humblement et avec tant de confiance remettait entre ses mains sa destinée. L'enthousiasme, l'espoir invincible, l'élan impétueux vers l'avenir, sont sans doute les plus grands charmes de la jeunesse. Mais le spectacle de celui qui dès son entrée dans la carrière se trouve aux prises avec des difficultés que d'autres n'ont pas connues et qui, après avoir invoqué le secours de Dieu, commence par se vaincre lui-même et poursuit victorieusement sa route, est plus beau, plus touchant et vraiment digne de servir d'exemple. Cette belle leçon de courage et d'abandon en la Providence, on va la voir se dégager sous la plume même de celui dont nous écrivons la vie.

A la fin de chaque année, faisant un retour sur le passé et comme une revue des événements, tristes ou heureux, qui se sont écoulés dans cet intervalle, Antoine Catta va écrire ses impressions intimes. Ces notes sont toutes datées du 31 décembre et rédigées entre 10 et 11 heures du soir. Il revient alors de l'église de Saint-Jean, où, selon une vieille et

curieuse coutume, propre, croyons-nous, à la ville de
Bastia, le curé de la paroisse réunissait ses fidèles
pour demander à Dieu pardon des fautes commises
et chanter un *Te Deum* d'actions de grâces pour les
bienfaits accordés dans l'année. Les familles bas-
tiaises se rendaient en foule à cette pieuse cérémonie.
Les notes qu'écrivait M. Catta presque en sortant de
l'église, sont la preuve matérielle que, depuis son
retour en Corse, il ne manqua pas une seule fois d'y
assister. Elles disent aussi quelle bienfaisante action
exercent au fond des âmes qui peinent et qui luttent
les sublimes prières et les cérémonies saintes de
l'Eglise catholique.

Nous n'avons qu'à nous effacer pour laisser parler
M. Catta lui-même. Ces revues de fin d'année nous
le montreront dominant peu à peu les difficultés,
triste d'abord, confiant toujours, victorieux enfin et
jouissant des récompenses qui une à une viennent le
réconforter : succès d'estime, amélioration dans sa
situation, entrée dans la magistrature, réunion de la
famille aussi complète que le permettent les deuils
récents, bref un commencement de bonheur dont il
rend grâces à Dieu, mais qui n'est pas encore la réalisation complète de l'idéal auquel aspire celui que
Dieu appelait à de plus hautes destinées.

Bastia, 31 décembre 1861,
10 heures 1/2 du soir.

« Dans quelques instants une autre année va tomber
dans le néant : une nouvelle va naître. Depuis un certain temps, j'éprouve aux époques solennelles de ma

vie le besoin de me mettre en face de moi-même, d'évoquer franchement les plus intimes sentiments de mon âme et d'étendre sur un morceau de papier l'état actuel de mes pensées, de mes désirs, de mes espérances, de mes besoins, quels qu'ils soient... J'ai relu ce que j'écrivais le 1er janvier de cette année 1861. Hélas! mon état est à peu près le même. Peut-être puis-je dire que j'ai continué à descendre sur *l'échelle que formaient mes illusions*, je me suis rapproché de la terre de quelques degrés de plus. La réalité me saisit chaque jour de plus en plus : je connaissais les soucis de l'étudiant, je trouve les angoisses de l'avocat. Point de lettres de mon père ; la guerre civile est précisément arrivée au moment où nous commencions à entrevoir l'espérance d'une réunion définitive. Point de clients ; point de causes ; peu de ressources par conséquent. Je puis, je crois pouvoir être tranquille sur la santé de mon pauvre père, mais comment faire pour subvenir aux nécessités de ma famille ? Dieu sans doute y pourvoira, mais ceci ne m'empêche pas de m'affliger. Si encore j'avais des affaires, mais j'ai dit, je crois, ailleurs, que je ne pourrai point en avoir de sitôt. De là des soucis, de là des calculs, des projets. Je vois tantôt une place, tantôt un mariage avantageux : triste perspective, du moins pour moi. Une place, et mes opinions ! Un mariage d'argent, et mes rêves et ma conscience !... Non, Dieu me fera la grâce de ne pas me mettre entre ma conscience et ma famille : je veux me garder intact, il voudra bien me soutenir. Son secours m'est encore indispensable pour me guider au travers des embarras que me créent ma profession, ma famille, mes relations à Bastia, embarras que j'ai visés lors de ma prestation de serment, car je les voyais bien alors, je les envisageais, je les sentais en entier. Toutefois je suis calme et j'espère, et quoique ma maladie persiste, quoique je sois toujours souffrant, que je me sente brisé après quelques instants de travail, je n'en compte pas moins sur la miséricorde de Dieu. Aujourd'hui comme alors je veux dire : j'attends et j'espère. Dieu me voit. »

Bastia, le 31 décembre 1862.

« C'est le dernier jour de l'année 1862. Quelle triste, quelle affreuse journée ! que d'humiliations j'ai dû subir aujourd'hui, et toutes pour le même motif ! Et ces larmes que j'ai versées avant de me rendre à l'église ! Tout les avait provoquées, mais elles sont nées principalement, uniquement puis-je dire, de l'inquiétude où me plonge l'incertitude du sort de mon père. C'est à Paris, au mois de juillet 1861, que j'ai reçu sa dernière lettre, voilà dix-sept longs mois qu'il n'est arrivé de lui la moindre petite nouvelle. Que de choses ont pu se passer pendant cet intervalle, dans ce pays déchiré par la guerre civile, dans cette malheureuse ville bloquée ! Je n'ose arrêter là-dessus ma pensée. Le frisson me saisit, mon cœur se serre et des larmes remplissent mes yeux... Je suis allé à l'église, chanter moi aussi le *Te Deum*, élever vers le Dieu bon et miséricordieux, vers le Dieu bienfaisant, mon cantique d'actions de grâces...

« ....Ai-je le droit de me plaindre ? Je souffre. Qu'importe ? Combien d'autres sont malheureux, cent fois plus malheureux que moi. Ai-je plus de droit qu'eux au bonheur ! Ils valent mieux que moi, ils sont plus justes, plus vertueux que moi... Si quelqu'un pouvait avoir le droit de se plaindre, plus que moi, ceux-là l'auraient, qu'ai-je donc à crier ? Souffrir et me taire, ce serait mon devoir. Pourquoi Dieu aurait-il des égards pour qui n'en mérite pas ? Et puis, insensés que nous sommes, ces souffrances, ce mal qui nous aiguillonne n'est-il peut-être pas notre bien ?...

« J'avais le cœur amer, ma douleur était excessive, et je suis allé remercier Dieu des bienfaits qu'il m'a accordés spécialement en cette année... »

Ici, le jeune avocat indique quelques motifs qui s'offrent à lui d'espérer que sa condition matérielle va s'améliorer. Il y avait quelques jours, on lui adressait des éloges flatteurs, on qualifiait de « brillante acquisition pour le barreau de Bastia » ce pauvre stagiaire qui, ajoute-t-il, « n'a pas un sou vaillant. »

« N'est-ce point assez, continue-t-il ? Pourquoi donc me plaindre ? Parce que tout n'est pas sous ma main, parce que l'avenir est devant moi, dois-je donc m'apitoyer sur mon malheur et me répandre en gémissements ? Ah ! non, non, l'espérance, l'espérance elle seule ; quand surtout elle peut s'appuyer sur les faits matériels, est un bien immense. Oh ! j'ai chanté moi aussi mon cantique ; moi aussi je crie à Dieu, dans mon âme confondue : merci, merci cent et cent fois. Oublie, ô Dieu bon, ô Père miséricordieux et doux, la plainte injuste, ingrate, insensée de ton pauvre enfant. Prends pitié des peines qui lui restent, soulage les maux qu'il endure ! Ne pèse point au poids de ta justice un moment d'égarement, mais dirige son esprit, enseigne sa pensée, façonne son cœur, de sorte que toujours et partout il chante comme tes anges et tes saints : *Fiat voluntas tua ! Hosanna in excelsis !*

« Maintenant je puis fermer ces pages : mon cœur est en paix, mon âme est tranquille ; l'année 1862 emporte mes bénédictions, et sa sœur, la nouvelle année, me vient avec l'espérance ! J'attendrai avec foi ; je recevrai avec reconnaissance ! ».

« 11 heures du soir ».

Cette année 1863, attendue avec tant de confiance, ne lui apporta pourtant guère autre chose que des déceptions et des tristesses nouvelles. Il espérait être nommé magistrat. Il voit sa demande renvoyée à une époque indéterminée. De plus, son oncle, le frère de son père, que ce dernier était allé rejoindre en Amérique et avec qui il s'était trouvé bloqué au port de Mobile, vient de mourir et sa fin a été douloureusement attristée par l'éloignement où involontairement il avait condamné son frère, et par la mort de son neveu qu'il avait aussi appelé près de lui et qu'il avait vu succomber victime de son dévouement.

Au total, l'année 1863 n'avait donc pas été féconde en joies. Cependant Antoine Catta rend grâces à Dieu. Il espère retrouver bientôt son vieux père et voir réunis autour du même foyer les membres épars de la famille.

« Plusieurs manqueront au milieu de nous et leurs places resteront vides ; mais nous penserons à eux, nous parlerons d'eux et nous prierons le Dieu des miséricordes qu'il donne le repos à leurs âmes et leur permette de présider de là-haut à nos intimes réunions... »

Et remerciant Dieu de tout ce qu'il a reçu, sachant « que ce qui paraissait la chose la plus nuisible est souvent devenue la plus utile », il s'écrie : « Gloire à vous, ô mon Dieu, aujourd'hui et toujours, dans le passé et dans l'avenir, et dans les siècles des siècles... »

Dans les années qui suivent, la situation va s'améliorant. Les affaires viennent. En 1854, M. Catta est chargé d'un cours de législation usuelle au lycée de Bastia. Peu à peu le chiffre des honoraires du jeune avocat s'est élevé, et il a conquis une place honorable au barreau de sa ville. En même temps une sorte d'apaisement s'opère dans cette nature ardente, portée vers les plus hautes cimes.

« Le ciel s'éclaircit, écrit-il le 31 juillet 1864, ou du moins les nuages paraissent moins sombres, et mon âme n'éprouve plus les cruels emportements qui me plongeaient dans ces abimes d'amertume où souvent je me suis surpris à me complaire... »

Il constate qu'il écrit moins. Pourquoi ! N'a-t-il plus d'actions de grâces à adresser à Dieu ?

« La paix, je ne dis pas la joie, ne peut avoir les accents et les cris de la douleur. Je me laisse tout doucement vivre et j'oublie que je ne suis plus aussi malheureux que par le passé. »

Et de même en 1866 :

« Que de bienfaits si je reporte mes regards en arrière ! Autant je me crois indigne de demander à la Providence, autant elle s'est plue à m'accorder ! Pourquoi donc n'ai-je pas écrit, et pourquoi, tandis que la plume brûlait mes doigts pendant les épreuves, suis-je froid maintenant que des jours meilleurs me paraissent devoir luire sur moi ? Serait-ce que nous sentons plus la douleur que la joie ! et notre âme s'élèverait-elle avec plus d'ardeur vers les régions célestes à mesure qu'elle se voit, par les tristesses du moment, enchaînée vers la terre !... »

En réalité, bien des causes de tristesse subsistent, en première ligne l'absence de son père. De plus, ce jeune homme appartient à une race entreprenante ; il a gardé ses rêves, ses aspirations infinies, et il s'élève au-dessus de la vie positive qui l'enserre :

« Si je me reporte dans le passé, écrit-il dans la note du 31 juillet 1864 que nous citons plus haut, que de projets d'avenir, de prospérité, de gloire ! En toutes choses, je m'élançais aux plus hautes cimes : mon esprit s'arrêtait aux conceptions les plus vastes, les plus sublimes, et sans pouvoir les embrasser, il ne manquait pas de s'y complaire ; elles l'attiraient naturellement à elles, comme l'océan appelle les fleuves. Mon cœur embrassait l'univers. Que de fois ne me suis-je pas reproché de caresser des idées qu'on aurait amèrement accusées de folie, si elles avaient transpiré au dehors ! Cependant c'était là ma vie alors, et je le confesse, quelque folle, quelque ridicule qu'elle pût paraître, c'est la vraie vie qui appartient à l'homme et qui peut se résumer ainsi : *aspirer toujours plus haut, toujours, toujours !...* »

Mais avant tout, il se soumet à la volonté de Dieu.

« Dieu veuille me conserver la paix, détourner les écueils à ma barque et les ronces à mes pieds ! Que s'il lui plait me garder dans l'humble cercle où sa main m'a placé, je répéterai les paroles que sa bouche même nous dicta : *fiat voluntas tua ;* et cette résignation me sera certes facile, car c'est presque le bonheur que sa volonté me donne. »

L'année 1866 vit s'effectuer le retour tant désiré du père resté dix-huit ans en exil. La famille est réunie.

M. Catta vit près de ses vieux parents, avec sa sœur et les deux enfants de son frère mort à Mobile. C'est lui qui pourvoit à l'éducation de ces orphelins.

Il n'a pas encore été nommé magistrat, contrairement aux promesses qui lui avaient été faites. Ses rêves brillants d'avenir n'ont pas été abandonnés, mais le calme a pris complète possession de son âme : il n'attend rien que de Dieu.

« Où sont aujourd'hui, écrit-il le 31 décembre 1866 en revenant de la cérémonie dont nous avons parlé, où sont ces larmes, ces cris, ces emportements, ce désespoir qui me déchiraient le cœur dans d'autres années ! Alors, quel effroi de l'avenir, que d'amertume dans le présent, que de regrets dans le passé !... Oh ! que Dieu maintienne au fond de mon cœur le sentiment de la reconnaissance, que je puisse toujours élever vers lui mes mains, dans l'amour, dans l'adoration, dans la gratitude, et que, dans ses temples saints, mêlant ma voix aux voix de ses fidèles, j'entonne le cantique d'actions de grâces, ainsi qu'il m'a été accordé de le faire aujourd'hui, qu'enfin, avec une ferveur toujours plus vive et plus nouvelle, je lui dise comme eux : *In te, Domine, speravi, non confundar in æternum.* »

L'année 1867 lui apporta sa nomination de Substitut du Procureur de la République à Bastia. Evénement doublement heureux, puisque c'était pour M. Catta l'avenir assuré et qu'il lui permettait de rester dans son pays et près des siens.

Parmi les lettres de félicitations qu'il reçut à cette occasion, nous relevons dans le billet d'un ami, le baron G., cette réflexion qui vaut d'être conservée : « Il y a donc un Dieu pour les cléricaux. »

Quels étaient alors ses sentiments intimes ?... Nous les trouvons dans une note écrite fidèlement au soir du dernier jour de cette année 1867. C'est toujours la même ascension d'âme vers Dieu, se poursuivant à travers les jours de bonheur comme à ceux de l'épreuve.

Bastia, 31 décembre 1867,
10 heures du soir.

« Je ne me coucherai pas sans dire adieu à l'année qui va bientôt ne plus être. Assis au coin du feu et entouré des membres de ma famille, je portais un coup d'œil sur les autres années, et les rapprochant les unes des autres je comptais avec une profonde satisfaction et avec un reconnaissant attendrissement les nombreux bienfaits que la Providence a prodigués à moi et aux miens. Aujourd'hui, un avocat, M. Patricius de Corsi me disait : « Je vous augure une année semblable à celle qui finit. » Elle a été bonne en effet, car elle m'a vu entrer dans la magistrature. La précédente n'avait point été mauvaise non plus, puisqu'elle m'avait ramené mon vieux père du nouveau monde. Sans doute j'ai été éprouvé un peu, même cette année, sans doute je l'ai été beaucoup dans d'autres, et Dieu a souvent compté les larmes silencieuses qui coulaient sur mes joues dans le secret de ma chambre ou de mon cabinet, et pardonné, j'ose du moins l'espérer, les accents de découragement et de désespoir que m'arrachaient les douleurs et les chagrins. Mais il n'en est pas moins vrai que le calme, la tranquillité et un peu de bonheur ont pénétré dans ma demeure, j'envisage avec satisfaction le présent, j'attends avec confiance l'avenir. Est-ce peu que de pouvoir ainsi parler de l'état de mon cœur ?... Je puis donc

élever vers le Seigneur mon cantique d'actions de grâces,
et je le prie d'agréer celui qu'avec des milliers de voix
j'ai chanté ce soir dans son temple..... »

Du passé jetant sa pensée vers l'avenir, il se
reprend à former ces projets de bonheur qu'il avait
si souvent regardés comme des illusions. Celui dont
nous avons surpris les luttes et les souffrances intimes pense enfin à couronner sa jeunesse victorieuse.
Se marier, se créer un foyer, élever des enfants
« pour l'honneur et la patrie, les consacrer à leur
Dieu et au sien », lui paraît comme le plus grand
bonheur que sa vie puisse désormais atteindre.

Mais cette heure n'est pas encore venue. Celle que
Dieu a choisie pour être la compagne de ce chrétien
dont l'âme robuste garde des trésors d'infinie tendresse, il ne la connaît pas encore, et pour l'atteindre il faudra qu'il passe par de nouvelles épreuves
et qu'il accomplisse de nouveaux sacrifices, qu'il
quitte son pays, ses vieux parents et tous les siens,
qu'il brise la carrière qui commence à peine et qu'il
croit devoir être toujours la fierté de sa vie.

En cette année 1867, le devoir immédiat de venir
en aide à sa famille et surtout aux deux orphelins
que lui a laissés son infortuné frère l'absorbe tout
entier. Et ce n'est pas sans une nuance de tristesse
mais cependant par des accents d'une sérénité et
d'une confiance absolue en la Providence, qu'il termine cette page intime :

« ...Pourrai-je un jour, chef d'une nouvelle famille,
rassembler autour de moi mes enfants, comme la poule

ses petits, les voir faisant le bien et marchant dans un sentier droit ? Vous seul le savez, ô Seigneur ! Ce que je sais, c'est que vous ne voulez jamais rien que pour mon bien. Ce que je veux, c'est que votre volonté soit faite. *In te, Domine, speravi, non confundar in æternum !*

Ce sont les mêmes sentiments de soumission et de confiance en « la bonne Providence » qui se retrouvent sous la plume du nouveau magistrat à la fin de l'année suivante :

31 décembre 1868, 10 heures du soir.

« Quelle belle, touchante et magnifique cérémonie que celle que l'Eglise célèbre le soir du dernier jour de l'année ! Ces paroles du ministre de Dieu, entre la salutation à l'hostie sainte et l'hymne d'actions de grâces, ces paroles qui nous forcent à revenir sur le passé pour nous rappeler l'un après l'autre les bienfaits que nous avons reçus, pour nous reprocher notre ingratitude et nos fautes, et pour nous pousser enfin à inaugurer, avec la nouvelle année, une ère meilleure ; ce cantique qui célèbre les splendeurs de Dieu, qui énumère ses miséricordes, qui remercie et qui pour mieux remercier demande encore ; ces nuages d'encens, ces torches qu'on élève ; ces mille voix qui montent, comme la flamme et la fumée, vers les régions célestes, tout cela est saisissant et remue profondément le cœur... J'en ai toujours reçu les mêmes impressions ; elles ne furent jamais peut-être plus douces que ce soir. J'avais peine à contenir mes larmes. Dieu soit loué, puisque dans mon cœur il est encore une fibre qui puisse ainsi vibrer. Je le supplie de ménager aux jours qu'il daignera m'accorder des larmes aussi douces pour mes yeux et pour mon être de semblables tressaillements.

« C'est qu'aussi, en revisant le cours de cette année et celui des ans qui l'ont précédée, que de bienfaits ! Si je n'avais confiance en la bonté de Dieu, j'aurais parfois peur des grâces que j'ai reçues !... »

Il énumère ici les grâces spéciales dont a été marqué le cours de l'année, particulièrement les événements heureux qui sont advenus à sa famille.

« Moi-même, ajoute-t-il, j'ai été appelé à l'insigne honneur de présider la conférence de Saint Vincent de Paul, dont le but est de passer, comme le Divin Maître, en faisant le bien, et dont les membres, qu'en grande partie je connais de près, valent mieux que moi.

«... Plus je vais, et plus s'accroît ma reconnaissance envers la Providence. Ce mot est donc celui qui revient toujours à pareille époque sous ma plume, heureux de constater pour moi-même, je dirais presque authentiquement, les pensées qui ont rempli mon esprit et les élans qui ont emporté mon cœur. C'est là une garantie pour l'avenir. C'est là aussi une preuve que le passé doit m'assurer contre lui, si jamais pouvait un jour s'élever une contradiction quelconque

« Mais pourquoi craindre l'avenir, quand Dieu semble vouloir m'aplanir les voies (si toutefois il n'est pas présomptueux et téméraire de parler ainsi) ?... Pourquoi même songer à l'avenir ? A Dieu mon cantique de reconnaissance pour le passé et pour le présent ; à lui le soin de veiller sur moi dans l'avenir ; à moi ma confiance dans sa miséricorde. *In te, Domine, speravi, non confundar in æternum.* »

Une telle élévation de sentiments ne pouvait manquer de passer dans la vie extérieure de celui dont ils ennoblissaient l'âme. Ils s'imposèrent à ses amis, à ses compatriotes, à tous ceux qui l'approchèrent. Nous avons vu qu'il avait été nommé président de la Conférence Saint Vincent de Paul.

En novembre 1870, il fut choisi pour rédiger une adresse à S. S. Pie IX, pour protester contre la violation du territoire pontifical.

Les signataires reçurent en réponse le bref pontical dont voici la traduction :

A Nos Très Chers Fils A. B. Catta, V. Rigo... et à tous les prêtres et fidèles de Bastia, dans l'île de Corse.

Pie IX, Pape.

Très chers fils, salut et bénédiction apostolique. Nous avons reçu la lettre très respectueuse, revêtue de vos signatures, dans laquelle en Nous exprimant filialement la douleur que vous ont causée l'invasion de Notre domaine temporel accomplie par la violence et les armes, et la perte de Notre liberté apostolique assujettie au pouvoir des ennemis de la religion, vous réprouvez et détestez hautement une si grande violation de toutes les lois divines et humaines. Quoique Nous connaissions parfaitement, très chers fils, votre dévouement et votre piété filiale envers Nous et envers ce Siège apostolique, il Nous a été agréable de recevoir pendant que l'on commet une si grande injustice contre l'Eglise de Dieu, ce noble témoignage de vos sentiments, car tout chrétien doit se sentir blessé, comme le dit saint Bernard, de l'injure faite aux apôtres, c'est-à-dire aux glorieux princes de la terre ; et de même que leur voix a retenti dans le monde entier, de même il convient que le dommage qu'ils souffrent soit ressenti par tous et en tous les lieux, qu'on le déplore et qu'on s'en afflige partout.

C'est pourquoi Nous louons vos nobles sentiments, et touché de la douleur dont vous avez été pénétrés à cause des calamités de votre patrie commune, Nous supplions Dieu très clément de vous consoler, d'exaucer vos vœux et de faire en sorte, pour votre propre utilité et pour la gloire de l'Eglise, que vous puissiez de plus en plus produire des œuvres dignes de votre zèle pour la religion et pour la foi. Tandis que Nous attendons de votre amour que vous ne cessiez point de prier avec ferveur pour Nous, afin que vos vœux et ceux de tous les fidèles soient exaucés, Nous voulons que vous ayez comme gage de notre bienveillance paternelle et comme présage de toutes les grâces célestes, Notre bénédiction apostolique, que Nous vous accordons très affectueusement, très chers fils, à chacun et à tous.

Donné à Rome, près de Saint Pierre, le 29 mars 1871, en la 25e année de Notre pontificat.

PIE IX, Pape.

Autre témoignage d'estime auquel fut très sensible M. Catta : le 26 décembre 1873, le Conseil de fabrique de la paroisse de Saint-Jean de Bastia le nomma l'un de ses membres.

En même temps, le magistrat travaillait à donner des preuves de sa valeur juridique. Au mois de juillet 1870, il prit part au concours ouvert par *l'Académie de Législation* de Toulouse sur l'étude *« des droits du conjoint survivant »*. On sait par quel regrettable oubli ces droits avaient été sacrifiés par le Code civil. La réforme législative à laquelle depuis longtemps travaillaient les professeurs et les hommes compétents, ne devait aboutir qu'en 1891. Dans son enseignement, M. Valette faisait une juste part à cette question et ce lui fut une réelle satisfaction de voir son élève remporter dans ce concours une médaille d'or.

Ce succès ne fit qu'accentuer la distinction avec laquelle M. Catta remplissait son poste au parquet du Tribunal de Bastia, et le 3 décembre 1870 il reçut sa nomination de Procureur à Calvi.

Mais il ne garda que trois années cette nouvelle charge. Le 5 novembre 1873, il bénéficiait d'un nouvel avancement et revenait à Bastia en qualité de Substitut du Procureur général. Les années que M. Catta passa alors dans sa ville natale, où il avait retrouvé les plus chères relations, furent sans doute les plus agréables de sa carrière de magistrat. Vivant au milieu de sa famille, entouré des meilleures amitiés et de l'estime de tous, remarqué et aimé de ceux sous les ordres desquels il était placé, il eût désiré sans doute que cette exceptionnelle situation se prolongeât longtemps, et il a, à cette époque, dans ses notes intimes, des accents émus pour remercier Dieu « dont la main lui est apparue... dans les principales circonstances de sa vie, et qui le soutiendra... jusqu'au jour où il voudra pour toujours le rappeler à lui ».

Sans doute, des jalousies commençaient à s'élever contre ce magistrat dont l'avancement rapide n'était dû pourtant qu'à un travail consciencieux et à des mérites incontestés. Mais il s'en inquiétait peu et allait droit son chemin. Le distingué premier président de la Cour d'Appel M. Morcrette, non content de lui témoigner une particulière estime, l'honorait de son amitié et garda toujours avec lui les meilleures et. plus fidèles relations (1).

M. le baron Jorant était alors Procureur général à la Cour d'appel de Bastia. Lui aussi avait conçu pour son subordonné une réelle affection. M. Catta la lui rendait, et entre ces deux magistrats intègres et soucieux de leur tâche, réalisant en tous points le type de « l'honnête homme » d'autrefois, se nouèrent des liens d'amitié qui devaient survivre au temps et à l'éloignement. Joignant à une science juridique très profonde, une rare élévation d'esprit et une grande distinction de parole, M. Jorant avait déjà parcouru une brillante carrière, dont les débuts avaient été honorés de l'amitié de Berryer. Après avoir occupé successivement les sièges de substitut, de procureur et d'avocat général à Nancy et à Bordeaux, il avait été nommé, en 1871, procureur général à Bastia. Sa grande valeur professionnelle, son talent de parole, comme la droiture de son caractère, l'aménité de ses manières et la grande bonté de son cœur lui avaient fait recueillir partout les meilleurs témoignages d'estime et d'affection. Comme tant d'autres, il devait être victime de ce qu'on a ironiquement appelé « l'épuration ».

M. Catta fut son admirateur le plus sincère et son ami le plus fidèle.

C'est devant lui, ainsi que devant M. le premier

(1) M. Morcrette avait été avocat général, puis procureur général à Douai. Nommé premier président à Bastia en 1873, il eut l'honneur d'être révoqué en 1883, lors de l'épuration de la magistrature.

président Morcrette, qu'il prononça, le 3 novembre 1874, le discours de rentrée de la Cour d'appel. Il avait pris pour sujet : « *La Liberté et le Devoir envisagés au point de vue juridique et social* ». Il s'attacha d'abord à préciser la vraie notion de la liberté qui n'est, « dans l'acceptation noble et vraie du mot, que le droit de faire le bien ». Il montra la grande œuvre du christianisme qui fut de libérer le monde des entraves de l'esclavage, de la barbarie et de la servitude des sens, et il dit aussi ce que la Monarchie Française fit pour la liberté. A l'aurore des temps modernes, l'un de nos rois, mérita le titre de restaurateur de la liberté. Avec lui dut pourtant sombrer la barque de la monarchie, engloutie sous les flots sanglants de la Révolution. C'est que la liberté sans freins devient la licence, et ces freins sont nos devoirs : devoirs envers Dieu, envers la famille, envers la patrie. Dans le plan divin, la liberté et le devoir vont de pair. La liberté sans la fidélité au devoir devient la licence ; le devoir tire de la liberté son mérite. Les saints et les martyrs, les braves tombés sur tous les champs de bataille, pour la patrie, pour la société, sont à la fois les héros du devoir et de la liberté.

Une sèche analyse ne saurait donner une idée exacte de ce discours que traverse un souffle d'enthousiasme, surtout quand passent les grands noms des martyrs de l'Eglise catholique, de Jeanne d'Arc morte pour la délivrance de la patrie, de d'Assas criant : A moi, Auvergne ! de Deshuttes et de Varicourt se faisant tuer à la porte de Marie-Antoinette, de Malesherbes qui défend son roi au prix de sa propre vie, de tous les soldats morts pour la patrie, des fiers Corses tombés pour l'indépendance de l'île... Le style est élevé, grave, un peu solennel ; on y retrouve l'écho de la voix des magistrats d'autrefois.

Parlant des difficultés que rencontre parfois sur son chemin l'homme de devoir, M. Catta indique le moyen d'en triompher toujours, et ce qu'il dit de « l'habitude du devoir » peut être justement appliqué à ce que fut son existence tout entière :

« Quiconque exerce des fonctions publiques peut être d'un moment à l'autre exposé à de rudes épreuves. Le meilleur, le seul moyen de se préparer à les surmonter, c'est de s'astreindre chaque jour à la scrupuleuse observation du Devoir. On a dit, avec vérité, que l'habitude constitue une seconde nature. Une âme habituée au Devoir, façonnée, pour ainsi parler, par la pratique du Devoir, éprouve une répugnance naturelle pour tout ce qui pourrait l'en détourner, et elle exécute facilement ce qui exige chez d'autres un effort violent de la volonté.

« A ces tristes époques où l'homme a souvent « à se demander de quel côté est le Devoir, à hésiter, inquiet, entre la loi écrite et la loi de l'honneur », l'habitude du Devoir est d'un secours inappréciable. Malgré les emportements des passions, la conscience discerne la vérité au milieu des ténèbres qui l'obscurcissent, et lorsque, mise en demeure d'agir, elle retrouve, après l'achèvement de son œuvre, la satisfaction et la sérénité du passé, elle acquiert la certitude d'avoir fait son devoir. »

Ces belles paroles ont une valeur plus grande aux yeux de ceux qui connurent celui qui les prononça et le virent, au milieu des circonstances les plus difficiles, tout sacrifier au devoir.

Mais cette droiture et cette indépendance déplurent aux politiciens qui dominaient déjà la Corse. Ils voulurent à tout prix éloigner de Bastia ce magistrat d'avenir qui les gênait. Dès l'année 1874, M. Catta eut à souffrir de ces menées. Voici avec quelle sérénité il les accueillit.

« Je dis adieu sans rancune et sans regret à l'année 1874, écrit-il au soir du 31 décembre. Elle m'a apporté de grandes satisfactions, elle m'a exposé à de rudes épreuves ; elle m'a fait connaître jusqu'où les malentendus et les passions peuvent pousser les hommes, et comment de sourdes colères et des haines profondes peuvent surgir dans le cœur de ceux dont les intérêts, les menées ou les fautes sont contrariées par un magistrat cherchant à faire son devoir. Je n'ai, je crois pouvoir m'en donner l'assurance à moi-même, d'irritation contre personne. Je désire qu'on rende un jour justice à mes intentions sinon à mes actes. Je prie Dieu d'éloigner de mon cœur tout sentiment de haine, de me préserver avec soin de l'esprit d'iniquité. Le reste importe peu, et il n'est pas impossible de s'en consoler... »

Pourtant le spectacle des menées des méchants lui a laissé une impression de tristesse dont il ne se dégage qu'avec peine, et les côtés difficiles de la carrière qu'il a embrassée avec tant de fierté lui sont plus nettement apparus. Son avenir est moins assuré. Tout semble à cette époque concourir à le jeter dans une pénible indécision. Il n'a pu réussir encore à fonder un foyer, et, s'il quitte la Corse, ses projets seront sans doute de plus en plus rendus difficiles. Etrangeté de sa destinée! tous les plans qu'on a formés pour lui se sont évanouis l'un après l'autre. Il se demande s'il ne vaudrait pas mieux pour lui quitter la Corse, mais tout l'y retient.

« ... Je sens que mon cœur se briserait le jour où je devrais quitter ce rocher, cette Bastia que j'aime d'un amour passionné, qui a vu toutes mes joies et toutes mes douleurs... »

Malgré ces causes de tristesse et ces inquiétudes, il écrit avec un grand calme :

« Si mon avenir est rempli d'incertitude, il ne m'inspire néanmoins pas de soucis. Je me confie en Dieu et le prie de diriger lui-même ma pauvre barque. Je disais ce soir à Mme J... : il ne faut jamais rien demander au Seigneur d'une manière spéciale et en s'obstinant dans ses vœux ; sait-on si ce que l'on désire tournera réellement à notre avantage ? Hélas ! les regrets les plus amers, la ruine et la mort ont eu souvent pour cause cet événement après lequel on avait si longuement soupiré ! Prions donc la Providence de nous accorder ce qui nous convient véritablement. Ainsi je la prie, et bénie soit-elle pour tout ce qu'elle nous envoie et pour tout ce qu'il lui plaira de nous envoyer !...»

« Si Dieu m'aide, écrit-il à la fin de 1876, — et il m'aidera quand je m'adresserai à lui sans réserve, — je me débarrasserai de ce lourd manteau et alors, me trouvant seul à seul avec lui, dédaignant le monde et me faisant indifférent à ses louanges et à ses critiques, je ne verrai plus que ce que Dieu n'a cessé et ne cesse de me donner, et contemplant ses bienfaits, comptant sur sa miséricorde, je lui rendrai mes actions de grâces et me confierai comme toujours dans sa bonté...»

Le jour approchait où les envieux et les ennemis du magistrat intègre allaient obtenir une demi-satisfaction. Le 18 juillet 1876, M. Catta fut nommé substitut du procureur de la République à Nantes. A l'audience de la Cour d'appel de Bastia où il occupa pour la dernière fois le siège du ministère public, il reçut les adieux de M. le Président Morcrette.

« Je tiens, lui dit ce dernier, à rendre hommage à la parfaite régularité de votre conduite et à la loyauté de votre ministère.... Pour moi, ajouta-t-il, je suis heureux de vous dire que d'anciennes et affectueuses relations m'unissent à M. le premier président de la Cour de Rennes et au chef du tribunal de Nantes. En leur exprimant nos regrets de vous voir vous éloigner de nous, je saurai leur dire en quelle sympathique estime on vous tenait ici et quelle est la haute valeur du concours que vous êtes appelé à leur donner. »

Ce témoignage dit assez combien M. Catta fut regretté en Corse. « C'est avec douleur, écrivit plus tard l'un de ses amis intimes qui lui a survécu et qui est l'une des personnalités les plus marquantes de la Corse, — c'est avec douleur que je le vis s'éloigner de ce pays où il était appelé à exercer une action salutaire et à jouer un grand rôle... Je fus le confident de la tristesse qu'il ressentait à quitter cette île qu'il aimait... » M. Catta reçut à l'occasion de son départ bien des témoignages d'estime et de regrets. Des lettres qu'on lui écrivit alors disent toutes 'les tristesses de « ceux qui restaient », attachés à leur pays, et qui voyaient s'éloigner successivement « de la pauvre et malheureuse Corse » les meilleurs de ses enfants.

C'était sans grand espoir de retour que M. Catta quittait son pays natal, la maison où il avait connu des jours si calmes et si heureux après les tristesses et les difficultés de son entrée en carrière, près de ses parents dont l'âge avancé pouvait lui faire craindre ne plus les revoir. Là était la principale cause de son chagrin.

Quant au nouveau poste auquel il était appelé, il n'était pas une disgrâce. Sans doute, de substitut du procureur général il redevenait simple substitut du procureur de la République et il quittait la robe rouge. Mais il était attaché à un parquet important, près d'un tribunal de seconde classe, et surtout il se voyait soustrait aux jalousies locales et aux machinations politiques. Comme le lui écrivit l'un de ses amis, conseiller à la Cour de Cassation, « si le ministre l'avait appelé sur le continent, c'était pour lui ménager un avenir plus sûr et plus brillant ». D'ailleurs, à son passage à Paris, M. Catta put voir le ministre lui-même, M. Dufaure, qui lui dit en parlant de sa nomination à Nantes : « Ce n'est pas une disgrâce, mais un magnifique équivalent ».

IV

LE TRIBUNAL ET LE PARQUET DE NANTES. — LES
DÉCRETS. — DÉMISSION.

Le nouveau substitut prêta serment, le 14 août
1876, devant la Cour de Rennes. Le soir même, il était
à Nantes où l'attendait une destinée bien différente
de celle qu'il pouvait prévoir.

Quelles étaient alors ses pensées ? Sans doute il
souffrait de l'éloignement où il se trouvait désormais
de sa famille et de sa chère île de Corse. Mais c'était,
au point de vue de son avenir de magistrat, un réel
avantage que d'avoir été arraché à ce pays perdu de
discordes et de guerres locales, où les personnalités
les plus brillantes ont sombré l'une après l'autre sous
les coups de l'envie et de la vengeance privée. L'espérance devait donc cette fois avoir pris définitivement
place en cette âme qu'avaient si souvent assombrie
les inquiétudes d'avenir. Nous ne pouvons malheureusement plus retrouver ses impressions dans les
pages intimes qui, jusqu'à présent, nous en ont fourni
de si précieux témoignages. Désormais, M. Catta

n'écrit plus que de simples notes pour relater en termes concis les événements particulièrement importants d'une vie désormais remplie par les occupations les plus diverses, vie de labeur incessant et d'œuvres de toute sorte, qui ne lui laisse plus le loisir d'écrire pour lui-même, et qu'il nous reste à raconter.

Dans sa nouvelle charge, M. Catta ne tarda pas à donner à ceux qui l'entouraient la mesure de sa valeur.

En 1878, au moment où la Commission de procédure criminelle instituée par M. Dufaure allait reprendre ses travaux sous la présidence de M. Goblet, il publia une étude critique qu'il avait écrite depuis quelques mois sur le *projet de réforme du Code d'instruction criminelle* qu'allait examiner cette Commission.

Ce travail avait été soumis à M. Valette qui, ainsi qu'il l'écrivait à l'auteur, l'avait lu et relu, et remis à la chancellerie.

L'intérêt de l'ouvrage a diminué avec le temps. Il importe néanmoins que nous en disions quelques mots ; il fait preuve d'autant de science que de sagesse et d'expérience, et le parti qu'adopte son auteur sur les questions discutées indique quelle haute idée ce magistrat se faisait de ses fonctions. Une rapide analyse de cet ouvrage répondra donc au but que nous cherchons : reconstituer les traits de cette figure qui fut celle d'un magistrat des vieux temps

Dans un journal de Bastia, la *Gazette Corse*, M. le baron Galeazini consacra à l'œuvre de son compatriote et ami un excellent article dont nous extrairons cette analyse :

«... Toutes nos lois se ressentent des changements fréquents dans la souveraineté, et devant être périodiquement torturées par les novateurs dont notre pays fourmille, il était inévitable qu'en 1870 la Commission nommée par M. E. Ollivier et dispersée par les événements de 1871 se serait reconstituée afin de réformer le Code d'instruction criminelle : « Associer le pays lui-même à l'administration de la justice » sont des expressions que nous trouvons dans le rapport de M. Ollivier. Nous allons voir ce que M. Catta pense de ces innovations...

«... Ayant mis cet épigraphe : *Semper in melius*, en tête de sa brochure, l'auteur a fait preuve de vrai magistrat. Sans se préoccuper des bruits du dehors et des idées courantes, il a dissipé avec sa conscience droite les illusions souvent généreuses et malheureusement quelquefois intéressées de ceux qui, par faiblesse ou par habileté, n'osent plus faire échec aux utopies en vogue dans le temps présent. Nous sommes cette fois en présence d'un penseur qui ne veut pas faire l'humanité meilleure qu'elle ne l'est, mais qui au contraire s'étudie à la perfectionner.

«... Deux systèmes, dit-il, ont été suivis en France pour l'instruction criminelle. L'ordonnance de 1670 établissait le système *inquisitorial*. La loi de 1789, qui était une protestation contre l'ancienne magistrature, inaugura le système *accusatoire*. Sous cette forme révolutionnaire, des adjoints pris sur une liste des notables de la commune intervenaient ; en 1798, nouvelles lois plus révolutionnaires encore : enfin la loi de pluviôse an IX revient à l'ordonnance de 1670 et supprime la publicité de l'instruction.

« En repassant les uns après les autres les avantages et les inconvénients de ces divers systèmes, M. Catta observe que nos lois se modifient successivement selon les temps et les circonstances politiques : aujourd'hui, quand de tous côtés on parle de conciliation et de transaction, il soutient avec un grand bon sens que le jurisconsulte doit froidement rechercher le seul bien de la justice, sans se préoccuper des clameurs ou des applaudissements du vulgaire. La justice doit se tenir au-dessus des passions populaires très variables et se tenir en garde contre les illusions généreuses.

« M. Catta détruit ainsi les préventions contre le système inquisitorial ; il prouve, contrairement au projet des novateurs, que, dans l'instruction secrète, la partie est égale entre l'inculpé et la société : il combat ceux qui ne voient dans l'admirable institution du ministère public qu'un bureau d'accusation à outrance : au parquet on recherche *le* coupable et non *un* coupable : le secret de l'instruction est une nécessité...

« L'auteur se prononce surtout contre les jurys d'accusation de la loi de 1791 qui laissaient le champ libre aux passions populaires... Les jurys d'accusation qui fonctionnent en Angleterre et aux Etats-Unis ne peuvent être pris pour modèles, — les jurés français de ce genre auraient trop de rapports avec la politique. Ce serait introduire la révolution à perpétuelle demeure dans le Code ainsi réformé.... La chambre actuelle des mises en accusation... offre toutes garanties. — L'arrêt de renvoi n'accuse pas ; il se borne à appeler les jurés de jugement à apprécier les faits : c'est à la suite de ces considérations que M. Catta pense qu'il n'est pas permis de toucher, sans de très graves inconvénients, aux dispositions du Code, et que l'instruction criminelle doit continuer à se faire secrètement et par écrit.

« ... Mais il n'oublie pas son épigraphe *Semper in melius* et conclut à une modification qui peut satisfaire les novateurs les plus portés au sentiment. M. Catta opine que les inculpés ne devraient être renvoyés devant la juridiction répressive que lorsqu'ils auraient pris connaissance des charges recueillies contre eux.

Même avant l'arrêt de renvoi, l'inculpé doit pouvoir communiquer avec son conseil qui formulera les justifications qu'il est souvent incapable de fournir lui-même : les pièces pourront donc être communiquées avant l'arrêt de renvoi : le secret n'est plus nécessaire lorsque le travail relatif à la recherche des preuves est terminé ; la marche de l'instruction ne peut plus être entravée.

« M. Catta conclut donc à ce qu'il soit permis au conseil de l'inculpé et à la partie civile de prendre connaissance de la procédure au moment où elle va se clore, — après un délai de 24 heures qui sera signifié aux parties... »

Cet article se terminait par le vœu que ce travail ne passât pas inaperçu de la commission et qu'il attirât sur son auteur l'attention qu'il méritait.

Cet ouvrage était un acte de sagesse, mais aussi de confiance en la magistrature « seule capable par sa constitution, par ses traditions, par le légitime respect qu'elle inspire, de résister aux sollicitations et aux entraînements des passions politiques et de montrer par la fermeté de ses décisions la tutélaire vitalité de la loi. »

Mais on peut se demander si aujourd'hui l'auteur n'eût pas été plus favorable à l'inculpé et plus défiant vis-à-vis de magistrats qui ont rompu ces traditions et savent se montrer, suivant les circonstances, ou d'une indulgence excessive pour les « pauvres coupables », ou d'une sévérité aveugle et d'une partialité despotique contre les catholiques et leurs prêtres....

De tous côtés, les félicitations et les meilleurs souhaits d'avenir venaient à M. Catta. On lui redisait qu'un avancement prochain lui était réservé, qu'en haut lieu on avait les yeux sur lui. Toutefois, nous trouvons dans une lettre de l'un de ses vieux professeurs de Bastia ces lignes où perce un sentiment d'inquiétude auquel les événements n'allaient pas tarder à donner raison.

« ... L'avenir, le plus brillant avenir est à vous, mon cher substitut. Dès à présent, vous mériteriez d'être élevé à un poste plus digne de vous. Toutefois je compte plus sur l'aide de Dieu que sur la justice des hommes.... Je vous souhaite la quiétude de l'esprit, les lumières de l'intelligence, toutes les satisfactions du cœur et par dessus tout la paix de Dieu et la persévérance dans vos convictions religieuses... »

L'heure n'allait pas tarder où M. Catta aurait « plus à compter sur l'aide de Dieu que sur la justice des hommes. »

Mais en ce moment tout lui souriait au contraire dans sa nouvelle patrie.

Les relations qu'il n'avait pas tardé à s'y faire pouvaient compenser les regrets de celles qu'il avait laissées en Corse.

Ces temps ne sont pas si loin que les Nantais ne se rappellent l'éminente composition du tribunal civil à cette époque. Les noms de MM. Crucy, Grignon, Mathorez, Guibourg, de Panthou, Le Boucher, du Sel des Monts... sont encore dans les mémoires. Apprécié de tous, M. Catta fut l'ami de beaucoup. On était loin alors des rapports officiels et guindés, trop souvent défiants, qui existent aujourd'hui entre les fonctionnaires des grands corps de l'Etat. La troisième république n'avait pas encore parfait son œuvre de division, ni dressé les uns contre les autres ceux qu'aux divers degrés des hiérarchies militaire, administrative ou judiciaire, unissaient un même amour du pays, une égale noblesse de métier, une mutuelle estime et une grande loyauté de rapports.

Le premier chef de parquet du nouveau substitut fut M. Lanfranc de Panthou. En lui M. Catta retrouva les qualités d'esprit et de cœur du procureur général qu'il venait de quitter avec tant de regrets, et avec lui aussi il noua l'amitié la meilleure et la plus fidèle. Du siège de procureur à Nantes, M. de Panthou fut bientôt nommé à celui de procureur général à la Cour d'Agen, mais il eut l'honneur d'être révoqué dès 1879. Il s'inscrivit alors au barreau de Caen, sa ville natale, où il occupa tout de suite la première place.

De tels hommes sont l'honneur des fonctions qu'ils occupent. Eux disparus, les charges qu'ils remplissaient avec tant de distinction ont perdu leur prestige. Dans notre génération, seuls peuvent se faire une idée de l'éclat des fonctions judiciaires ceux auxquels il a été donné d'approcher ces magistrats intègres, ces esprits distingués, ces avocats « de la vielle école », talents incontestés auxquels on reprocha seulement leur intransigeance sur le terrain du devoir et de l'honneur, et qui rendirent partout où ils passèrent les plus éclatants services.

M. Guibourg de Luzinais fut aussi de ceux-là. En attendant qu'ils devinssent compagnons de lutte contre la secte dont tous deux allaient être victimes, de trop bonnes relations s'établirent entre

M. Catta et le président du tribunal civil de Nantes, pour que nous n'ayons aussi à l'égard de ce dernier un souvenir spécial. M. Guibourg avait été nommé à cette charge, en 1878, par le ministre Dufaure qui avait pu l'apprécier lors de son précédent ministère alors qu'il lui avait confié son secrétariat général. De haute taille, le visage encadré de favoris grisonnants, le regard gardant presque à demeure une expression grave, sa physionomie était de celles qui marquent et qu'on n'oublie pas. Il séduisait autant par la délicatesse de ses manières que par la distinction de son esprit et son élocution souple et brillante. Il avait été, avant d'entrer dans la magistrature, précepteur de M. le Comte de Paris. Il devait être révoqué en 1883. « Il avait, lisons-nous dans la notice que lui consacre le recueil de « la Magistrature épurée », publié par la *Gazette de France* en 1884, il avait commis un de ces crimes que rien ne saurait effacer : quatre fois de suite, les 19 juillet, 6 et 29 décembre 1880 et 28 février 1881, ayant à statuer sur des demandes en réintégration de domicile et en dommages-intérêts, formées par des expulsés contre le préfet Herbette et le commissaire Troquier, il s'était déclaré compétent, malgré le déclinatoire du citoyen préfet, et avait su dire le droit avec une élévation de langage et de pensée, une puissance de logique et une science juridique qui mettaient à néant les sophismes de ceux qui avaient, par un coup de force, violé la propriété et la liberté. »

M. Guibourg s'inscrivit au barreau de Nantes, et en

fut immédiatement nommé bâtonnier. Peu après, il était élu conseiller municipal, puis maire et sénateur de Nantes. Nous aurons l'occasion de le retrouver au cours de ce travail. Qu'il nous suffise de dire ici la haute estime que conçut de suite M. Catta pour ce magistrat de rare valeur et qui lui fut d'ailleurs largement rendue (1).

C'est au milieu de ces circonstances, qui semblaient promettre à M. Catta un séjour paisible à Nantes et un avancement rapide, qu'apparut le ministère de Jules Ferry, rendu tristement célèbre par les décrets du 29 mars 1880 contre les congrégations d'hommes non autorisées. Ces faits sont dans toutes les mémoires. On sait quel accueil la magistrature française fit à cette odieuse mesure par laquelle s'ouvrait la persécution religieuse, et combien préférèrent donner leur démission plutôt que d'exécuter les ordres auxquels on les voulait soumettre. A Nantes. M. le Procureur Le Boucher n'hésita pas à obéir à l'inspiration de sa conscience et M. Catta suivit l'exemple de son chef de parquet : leurs noms à tous deux sont au *Livre d'Or* de la magistrature.

Ce n'est pas sans de sérieuses réflexions que M. Catta dut se décider à briser la carrière qu'il avait été si fier d'embrasser. Pourtant il agit sans longues hésitations, avec un grand calme, suivant seulement la voie que lui indiquait d'une façon très nette le

______

(1) M. Louis Delzons, avocat à la Cour d'appel de Paris, a consacré à la mémoire de M. Guibourg de Luzinais une intéressante notice. Nancy, Berger-Levrault. 1904.

sentiment du devoir. Qu'en en juge par cette simple note, dont la concision vaut tous les commentaires.

« *5 juillet 1880.* — Sous prétexte de rappeler les congrégations religieuses au respect des lois existantes, le gouvernement inaugure, par les décrets du 29 Mars, une ardente persécution contre les ordres religieux. Une étude approfondie de l'ensemble de la législation française m'a convaincu que les lois invoquées avaient été successivement abrogées, de sorte que, si mon âme de chrétien souffrait des persécutions qui s'annonçaient contre des institutions et des personnes entourées de ma vénération, ma conscience de citoyen et de magistrat s'indignait de voir le gouvernement s'abriter sous le manteau de la loi pour accomplir d'évidentes et criantes iniquités.

« Jusqu'au 31 juin, la magistrature resta dans l'attente de ce qui allait se passer, nul ne sachant comment le gouvernement entendait exécuter les décrets du 29 Mars. S'il faut appliquer les lois, se disait-on, les magistrats examineront celles que l'on invoque et agiront d'après leur conscience. Telle était la pensée qui domina constamment dans mon esprit durant cette période.

« Peu de jours avant le 30 juin, mon Procureur, M. Le Boucher, est appelé à Rennes pour conférer avec le Procureur général au sujet de l'exécution des décrets. A son retour, il nous communique, mais non officiellement, les instructions qu'il a reçues et qu'il a directement transmises à son successeur.

« Le samedi suivant, au cours d'une interpellation ayant pour objet les démissions données par plusieurs magistrats du parquet qui avaient refusé de prêter leur concours à l'exécution des décrets, le ministre mit en suspicion la loyauté de ces hommes qui, disait-il, avaient attendu le dernier moment pour se prononcer, dans l'espoir de tenir le gouvernement en échec.

« Ayant lu le compte rendu de cette discussion le lundi 5 juillet, j'ai pensé que le devoir et l'honneur me commandaient de me démettre de mes fonctions, encore qu'aucun acte ne fût réclamé de moi, et j'ai adressé au ministre la lettre suivante :

Nantes, le 5 juillet 1880.

« Monsieur le Garde des Sceaux,

« L'exécution des décrets du 29 mars contre les congrégations religieuses a attristé ma conscience de citoyen, de magistrat et de chrétien.

« Les mesures qui en ont été la suite et la prétention du gouvernement de contester aux membres de ces congrégations jusqu'au droit de faire appel à la justice du pays ne me permettent pas de continuer mes fonctions.

« Je ne puis, en effet, ni prêter au gouvernement un concours que ma conscience désormais lui refuse, ni m'exposer, par l'apparence d'une adhésion tacite, à être retenu dans les liens d'une solidarité que je ne puis accepter.

Je suis avec respect,
Monsieur le Garde des Sceaux,
Votre très humble serviteur.
A. CATTA,
Substitut près le tribunal civil de Nantes. »

« Cette détermination m'a beaucoup coûté. Il m'a semblé que mon cœur se déchirait, car j'étais aussi fier qu'heureux de porter la robe de magistrat. Je ne savais pas d'ailleurs quel serait mon lendemain ».

On le voit, cette détermination ne fut pas prise à la légère. M. Catta avait d'abord pensé qu'il lui aurait été possible de concilier les obligations de sa conscience avec ses devoirs de magistrat. Quel spectacle c'eût été que cette magistrature debout refusant de poursuivre les religieux persécutés ou requérant en leur faveur ! Mais le gouvernement donnait des ordres. Il entendait faire des juges et des procureurs les simples exécuteurs de ses volontés. Il enlevait même aux accusés le droit de se défendre. Dès que la situation se fut éclaircie et que M. Catta l'eut clairement aperçue, sa décision fut prise. Il ne voulut pas même « d'une adhésion tacite » à un gouvernement sectaire et, sans en chercher plus long, donna sa démission.

Depuis, nous nous sommes habitués aux décrets, aux lois de haine, à la persécution plus ou moins légale. Chose étrange, la belle attitude des magistrats de 1880 n'est plus comprise ! Combien de fois nous avons entendu des catholiques blâmer ces hommes intègres de s'être retirés du combat, pour un simple point d'honneur. Hommes trop absolus, dit-on, trop intransigeants, qui auraient pu peut-être, en gardant leurs fonctions, rendre plus de services qu'en jetant leur démission à la face du ministre.

Ceux qui raisonnent ainsi oublient qu'en fin de compte, grâce surtout à l'attitude de la magistrature, les décrets ne furent qu'un feu de paille et que leur exécution resta à peu près lettre morte. Si les mesures de persécution qui ont suivi avaient trouvé les mêmes obstacles, elles auraient peut-être eu aussi le même insuccès. Ne faut-il pas ajouter d'ailleurs que, dans ces circonstances difficiles, le mieux n'est pas de chercher des combinaisons ingénieuses, mais d'écouter seulement la voix de la conscience. On regarde davantage aujourd'hui à sacrifier une situation. « On ne veut pas, dit-on, laisser la place à de plus mauvais », et, en réalité, on n'en fait pas moins que ces plus mauvais eux-mêmes. M. Catta agit plus simplement. Il n'essaya pas de concilier par un raisonnement subtil l'intérêt et le devoir : il choisit le devoir et s'y tint strictement.

Pourtant sa décision pouvait sembler téméraire. Sans ressources personnelles et n'ayant aucun secours à attendre de la condition modeste des siens, il ne pouvait penser à retourner dans un pays qui n'offrait aucun avenir et où il n'aurait sans doute retrouvé que des difficultés nouvelles.

Après avoir cherché inutilement, — toutes les places étaient remplies, — à obtenir une chaire de droit à l'Université Catholique d'Angers, il dut se décider à reprendre sa robe d'avocat et à recommencer à plaider. Les nombreuses sympathies qu'il s'était acquises à Nantes pouvaient lui faire légitimement penser qu'on lui ferait bon accueil au barreau de cette ville. Les lettres de félicitations qu'il reçut au lendemain de sa démission témoignaient toutes du désir de le voir s'y fixer définitivement. Les espérances qu'on fondait sur lui n'allaient pas être déçues.

L'année même de son inscription au barreau nantais, il était chargé d'intéressants procès qu'il aidait brillamment. L'hospitalité que lui offrait un Ordre particulièrement riche en hommes de bien et en avocats de talent allait être payée d'une gloire de plus.

V

L'Expulsion des RR. PP. Capucins de Nantes. —
Procès contre *le Phare*, contre les commissaires
de police Troquier, Vallée et Aymard. — Arrét
du Tribunal des Conflits.

Longtemps avant le jour où M. Herbette, préfet de
la Loire-Inférieure, devait tenter l'exécution des
décrets du 29 mars contre les RR. PP. Capucins,
les catholiques Nantais avaient décidé de témoigner
à ces nobles victimes mieux qu'une sympathie silen-
cieuse et stérile. Dès le 30 juin, 300 hommes se
trouvaient réunis dans le couvent de la rue Noire.
Mais ce fut surtout à partir du mois d'octobre qu'on
put s'attendre à une exécution prochaine et que la
foule des fidèles, qui chaque jour vinrent monter la
garde auprès des Religieux, s'accrut dans des proportions considérables. Beaucoup même y passèrent
leurs nuits.

On comprendra avec quel empressement et quelle
fierté spéciale M. Catta courut se ranger parmi les
défenseurs des Pères. Ceux-ci lui firent l'honneur,

qu'il garda comme l'un des meilleurs souvenirs de sa carrière, de le prendre comme conseil avec M. Anthime Ménard, alors bâtonnier de l'Ordre.

Il faut renoncer à raconter ces journées que n'oublièrent jamais ceux qui en furent les témoins, passées toutes en préparatifs, en travaux de barricades, en plans de défense, entre les messes matinales et la bénédiction qui le soir terminait la prière et que donnait à la foule agenouillée dans le jardin du cloître le R. P. Adolphe, gardien du couvent. Dans ces sortes de veillées des armes, entre ces hommes de conditions et d'opinions diverses, se formèrent des liens d'amitié que le temps, loin de briser, n'a pu que perpétuer entre les fils de ceux qui ne sont plus. Plus qu'à d'autres peut-être, il fut donné à M. Catta d'apprécier le caractère fraternel de ces réunions. Les sympathies allaient naturellement à lui : on savait à quel prix il avait acheté l'honneur d'être là. A cette époque remontent beaucoup des affections, des admirations et des dévouements touchants qui l'accompagnèrent jusqu'à sa tombe. Des amitiés dont telle fut l'origine, il faut en citer une particulièrement honorable et fidèle.

Au couvent de la rue Noire beaucoup de prêtres étaient venus se joindre aux laïcs. Parmi eux, on remarquait au premier rang un homme d'une singulière vivacité d'esprit et d'une énergie que devait accentuer dans la suite une vie de continuelles souffrances, dominée par l'idée de Dieu et la fidélité du souvenir. M. l'abbé Pothier fut l'âme de la résistance chez les Pères Capucins. On le vit aussi, dans les procès qui suivirent, fréquenter le tribunal de Nantes et la cour de Rennes, donnant ainsi aux religieux une dernière marque de sympathie.

Un jour même, à la Cour, certain procureur trouva sa présence gênante (peut-être le bon abbé avait-il manifesté un peu trop haut ses sentiments), et demanda son expulsion de l'enceinte. M. Catta, qui était avocat des Pères dans ce procès, se leva alors et dit malicieusement : « M. l'abbé est ici pour les comptes-rendus dans la Presse nantaise. » Le Président sourit, et fit même apporter une table à l'abbé qui s'installa d'un air sans doute un peu goguenard, à la barbe du Procureur.

M. l'abbé Pothier resta toujours l'homme de résistance, le caractère droit et inflexible, incapable du moindre recul ou de la plus petite compromission, qu'avaient pu apprécier en 1880 les défenseurs des Pères Capucins. Il garda aussi la même finesse d'esprit, le même à propos, la même faculté d'ironie. Au milieu des cruelles souffrances, dont il fut accablé, c'était miracle de voir demeurer ces belles qualités. Sous cette apparence un peu mordante se cachaient un cœur d'or, une fidélité à toute épreuve (1). Cette affection suivit M. Catta au-delà du tombeau. M. l'abbé Pothier survécut de deux ans à son compagnon de lutte, et c'est à lui qu'est due la première idée de ce travail. Le temps et surtout les forces lui manquèrent. Il n'était que juste d'unir ici les noms

(1) On doit à M. l'abbé Pothier une très importante vie de Mgr Fournier, évêque de Nantes, dont il avait été le secrétaire particulier. — 2 vol., chez Lafolye, Vannes.

de ces amis fidèles qu'une page commune de leurs vies avait unis, et que la mort ne put séparer.

Le 2 novembre, les Pères Capucins étaient avertis que leur exécution était fixée au lendemain. Le 3 au matin, en effet, le couvent fut cerné par plusieurs brigades de gendarmerie, un escadron de dragons et un bataillon d'infanterie. Des pourparlers engagés avec le Père Gardien et ses conseils restent vains ; il faut donner l'assaut.

Depuis, nous avons assisté au renouvellement de ces sinistres crochetages. Il est inutile de refaire ici le récit détaillé de la journée du 3 novembre 1880. On vit alors les scènes de brutalité et de vandalisme qui devaient se reproduire quelques années plus tard lors de l'application de la loi contre les congrégations et de la séparation. Disons seulement que le siège du couvent de la rue Noire fut particulièrement difficile. Les barricades étaient solides, les défenseurs nombreux et résolus. L'affaire dura douze heures. Il fallut expulser d'abord les conseils des Pères et leurs amis ; on parla d'employer la dynamite, et les crocheteurs durent appeler à leur aide le Préfet lui-même. Ce dernier, à son entrée dans le cloître s'attira cette apostrophe sanglante de M. Porquier, juge au tribunal de commerce : « M. Herbette, je suis M. Porquier. Je suis allé chez vous l'an dernier parce que je vous croyais un honnête homme ; j'aurais le plus profond dégoût s'il me fallait désormais y remettre les pieds. »

A six heures du soir seulement on parvint aux cellules où s'étaient enfermés les Pères avec leurs témoins. Il fallut enfoncer chaque porte sous les protestations les plus indignées et traîner dehors les religieux. A neuf heures le préfet était enfin maître de la place.

Pendant ce temps des bagarres avaient lieu sur la route de Rennes, qu'avaient occupée des bandes anarchistes, soudoyées par la préfecture. Les honnêtes gens avaient dû se défendre eux-mêmes, et tandis que les repris de justice circulaient en liberté, de vaillants catholiques étaient enfermés à l'école communale de la rue Noire transformée en prison.

Le 5 novembre, les Pères Capucins s'embarquaient pour l'Irlande au milieu d'un immense concours de peuple, assemblé sur le port, sur le quai de la Fosse, et de l'autre côté, sur les dockers de M. Etienne.

« Au moment où le R. P. Alphonse, accompagné de M. le baron de Lareinty et de M. Catta, arriva au bas de l'escalier, pour prendre le bac, les nombreuses personnes qui l'attendaient se mirent à genoux, et un monsieur d'un certain âge, se précipitant à ses pieds, s'efforça de baiser le bas de sa robe. On demandait la bénédiction du Père.

Celui-ci, profondément ému, hésitait.

— Bénissez, mon Père, dit M. Catta. Un confesseur de la foi a toujours le droit de bénir.

Alors le Père éleva la main, et d'une voix ferme, il prononça la formule de la bénédiction...

... Après plus d'une heure d'attente, la marée commençant à monter, on hissa le pavillon, avec une couronne où s'enroulait un ruban avec cette devise : Vivent les Capucins ! Vive la Liberté !

Les adieux commencèrent. Ils durèrent longtemps ; il est si triste de quitter ainsi ceux que l'on aime ! Le

Père Gardien bénit ses Frères, après leur avoir adressé quelques derniers encouragements. A travers le fleuve la foule se renvoyait les paroles du cantique : « Je suis chrétien » puis une longue et dernière acclamation de : Vivent les Capucins, retentit sur les deux rives : le P. Alphonse entonna l'*Ave Maris Stella* ; le navire partait, emportant les exilés. Des clameurs sauvages se firent entendre alors, mais elles furent étouffées par les cris de : Vive la Liberté !... » (1).

Souvenirs impérissables et qui marqueront dans l'histoire de Nantes ! Le fleuve qui emportait les exilés était celui que la Révolution, par les mains de Carrier, avait rougi du sang de tant de nobles victimes. De quels tristes événements sera-t-il encore témoin ? La révolution relève la tête : elle est au pouvoir et poursuit son œuvre.

Depuis, les Pères Capucins étaient revenus. Près de la porte de leur chapelle laissée sous scellés, une autre entrée avait été pratiquée ; le couvent pillé le 3 novembre 1880 avait vu peu de mois après les religieux rentrer dans leurs cellules. Mais une nouvelle tempête était proche. La loi de 1901 devait emporter encore et disperser les moines fidèles auxquels les Nantais s'étaient tant attachés. Cette fois M. Catta n'était plus là pour prendre place parmi les défenseurs des expulsés. Aux premières attaques il était réapparu sur la brèche, mais il y était tombé. Du moins son souvenir fût-il éloquemment rappelé. Lors du procès des RR. PP. Prémontrés, M. Puget,

(1) Un siège de douze heures au couvent des capucins.

leur éminent avocat, lui-même ancien magistrat, salua en termes émus les mémoires de MM. Leboucher et Catta, descendus du siège du ministère public plutôt que de forfaire à leur conscience.

Mais n'anticipons plus sur les événements. Revenons à ceux de 1880, et racontons les intéressants procès qu'ils occasionnèrent à Nantes. Plusieurs audiences du tribunal correctionnel furent d'abord occupées par les poursuites dirigées contre des défenseurs des Pères. M. Catta eut à plaider pour quelques-uns d'entre eux (2). Mais dans d'autres causes furent débattues plus à fond les questions de principe.

Dès le 4 novembre, au lendemain de leur expulsion les RR. PP. Capucins assignèrent le préfet Herbette, le commissaire central Troquier, M. Lechat maire de Nantes, et le sieur Chaussée, inspecteur voyer, à comparaître en référé devant le Président du Tribunal afin de voir procéder à une expertise des dégâts commis par les crocheteurs dans l'immeuble de la rue Noire.

Le Préfet opposa un déclinatoire d'incompétence. Le Président du Tribunal conformément aux conclusions de M⁰ de la Peccaudière, et après la plaidoirie de M⁰ Anthime Ménard, passa outre et se déclara compétent.

L'affaire devait être plaidée au fond, le 11 novembre mais le préfet prit un *arrêté de conflit.* L'expertise

---

(2) Notamment de MM. Angot et Hymène de Fontevaux.

fut faite néanmoins et l'on sut que le chiffre des dégats s'élevait à près de 3.000 francs.

Bien qu'il fût désormais évident que malgré l'intégrité du tribunal et le droit des demandeurs, il leur devenait impossible de se faire rendre justice, les Pères Capucins et leurs amis ne renoncèrent pas à des procès qui devaient au moins avoir l'avantage de susciter des débats publics où allaient être flétris les actes d'arbitraire et rétablis dans leur vérité les faits dénaturés par certaine presse.

D'ailleurs, les acteurs de la journée du 3 novembre n'étaient pas tous des agents de l'Administration, à l'abri derrière les arrêtés de conflits.

Dès le mois d'octobre avait commencée, dans le journal républicain *le Phare*, une campagne de calomnies et d'outrages contre les Capucins. De plus, le 3 novembre, trois rédacteurs de ce même journal avaient pénétré à la suite des commissaires de police dans le couvent pris d'assaut. Malgré les protestations des Pères dont ils violaient le domicile, ils y étaient restés toute la journée, gardant une attitude injurieuse. Les Capucins étaient en droit de les poursuivre, ils n'y manquèrent pas et mirent cette affaire aux mains de M. Catta.

Elle vint, au tribunal civil le 9 décembre. Les journalistes républicains firent défaut. M. Catta put donc commencer ainsi sa plaidoirie (1) :

« J'avoue que j'éprouve une profonde déception. J'attendais avec confiance un adversaire que l'on dit

____

(1) *Espérance du Peuple*, 10 décembre 1880.

redoutable, et cependant que je ne craignais pas. J'espérais entendre sa défense, me proposant de discuter contradictoirement avec lui les grands principes de la libre presse qu'il allait défendre à cette barre ; et je ne vois personne. Cependant, le 2 de ce mois, je lisais dans les colonnes du *Phare de la Loire* les lignes suivantes que je signale tout d'abord à votre attention :

« Les lauriers des Prémontrés de Nice empêchaient
« sans doute les Capucins de Nantes de dormir... ils
« n'ont pas occasionné assez de scandales... Nous ver-
« rons si le tribunal d'ici consacrera à nouveau cette
« singulière prétention qui, si elle était admise, tendrait
« tout simplement à la suppression de l'élément du
« reportage des journaux. — Plaisanterie à part, sous
« cette ridicule action et qui ne tiendrait pas debout en
« temps ordinaire, il y a toute une question de principe
« de laquelle dépend l'exercice des journaux. En nous
« défendant, nous soutiendrons en même temps la
« cause de la presse entière. »

« Plaisanterie à part, dirais-je à mon tour, pourquoi s'en va-t-on ? Pourquoi ne pas se défendre aujourd'hui, après avoir affirmé si hautement qu'on défendrait avec soi de grands principes ? Est-ce plutôt qu'on s'avouerait coupable ? Est-ce qu'on fuirait la lumière des faits que l'on a tant de fois, et avec tant de passion, signalés à l'attention publique ?

« De ces hésitations je ne veux rien savoir. En venant devant vous, je ne me suis proposé qu'un but, celui de soutenir la noble cause qui m'a été confiée. Je ne veux pas oublier un moment au nom de qui je parle. Plus qu'à toute autre heure de ma vie, je sens le prix de l'honneur qui m'est fait ; car je représente ici de saints hommes auxquels il a été dit : apprenez de moi que je suis doux et humble de cœur ; et j'ai pris l'engagement de ne pas dépasser la mesure... »

Prenant en main la collection des numéros du *Phare de la Loire*, M. Catta lit alors les nombreux articles où les Pères Capucins avaient été si indignement traités. Une à une, il relève et venge les injures et les calomnies que le directeur de ce journal avait cru pouvoir impunément leur jeter, et que nous ne répéterons pas, n'ayant pas le courage de remuer à nouveau ces indignités. Qui se les rappelle d'ailleurs aujourd'hui, et où est leur auteur ?... tandis qu'à de nouvelles attaques les religieux opposent la même dignité d'attitude et la même foi aux paroles de vie.

L'orateur arrive à l'incident du 3 novembre : la violation du domicile des Capucins par les journalistes. Aux protestations des Pères et de leurs amis, le commissaire de police Troquier avait eu l'impudence de répondre : « Je leur ai promis qu'ils assisteraient à tous les événements de la journée. »

« Mais où êtes-vous donc, M. le commissaire, pour vous arroger les droits de propriétaire, et qui êtes-vous en cette circonstance pour parler ainsi ? Comment ! vous êtes chargé d'expulser des religieux de leur domicile ; on admet, on tolère votre présence, on supporte l'irrégularité de certains arrêts, et vous parlez en maître ! S'agit-il donc d'une comédie ou d'une tragédie ? Mais nous ne sommes pas sur un champ de courses, sur le terrain d'une revue ! C'est déjà bien assez que vous fassiez ce à quoi vous vous appliquez pour que nous ne tolérions pas des journalistes qui crieront bientôt partout les exploits du général en chef (le préfet) absent par précaution, mais dont vous saluerez bientôt l'arrivée... »

Le fait de la présence continuelle des reporters étant établi, l'avocat des Pères Capucins se demande sous quel prétexte ils pourraient excuser leur conduite.

« Hier, dit-il, le tribunal a décidé que M. le Préfet, opérant dans l'intérieur du monastère le 3 novembre, s'y était introduit en agissant contrairement à la loi. Les raisons sur lesquelles s'appuie ce fonctionnaire ne sont que de vains prétextes, qu'il veut recouvrir du manteau de la légalité. Tôt ou tard, l'heure de la justice sonnera. Elle sera inéluctable et pour le chef et pour les agents, à quelque ordre qu'ils appartiennent. Je le leur promets... »

A plus forte raison les journalistes qui ne sont « pas encore préfet, ni commissaires de police, ni agents », ne peuvent-ils invoquer les faux prétextes dont ceux-ci se couvrent. Ils prétendent avoir été invités par l'autorité administrative à assister aux opérations.

« Cela est peu flatteur pour l'autorité. Nous, nous prétendons qu'elle n'avait aucun droit pour agir comme elle l'a fait. Quel besoin pouvait-elle avoir d'un historiographe ? Quand les dépositaires de l'autorité, agissant au nom de la loi, font des actes rentrant dans leurs fonctions, ils les constatent simplement dans leurs procès-verbaux, et n'ont pas besoin qu'un journaliste se tienne à côté d'eux pour les protéger contre une accusation ou un soupçon d'arbitraire. »

Ils disent avoir agi de bonne foi. Non, puisque le Père Gardien et son avocat, et avec eux des centaines de voix protestant par leurs cris, les ont sommés de se retirer.

« Eh quoi ! parce que vous êtes journaliste, vous auriez le droit de pénétrer dans une maison qui n'est pas la vôtre? Parce qu'une porte est ouverte légalement ou illégalement, vous auriez le droit de commettre toutes les indiscrétions qu'il vous plairait ! Nous contestons ce droit !

« Le domicile de tout citoyen habitant le territoire français est inviolable, et personne ne peut s'y introduire que dans les formes et les conditions invoquées par la loi. »

Non, les journalistes n'ont mis en avant tous ces prétextes que parce qu'ils ont cru les Capucins hors la loi.

« Ils se sont dit : Pour les Capucins, plus de loi, plus de tribunal civil, plus de tribunal correctionnel, plus de juges au criminel. On ne les entendra plus ; les portes des prétoires leur sont fermées. Nous aussi nous bénéficierons des arrêtés de conflits. Et voilà pourquoi ils sont entrés chez nous et y sont restés malgré nous... »

Et depuis, les articles injurieux ont repris de plus belle. En regard de leurs imputations calomnieuses, M. Catta place l'éloge des moines qu'il défend. Il trace en termes émus le portrait moral de quelques-uns d'entre eux : l'un, alsacien, vieillard, qui a opté pour la France, — l'autre qui « pendant la guerre de 1870 courait d'ambulance en ambulance, le cœur âpre au dévouement, toujours au service de nos pauvres blessés », — le troisième qui était sous les murs de Paris en 1871 et qui a soigné les blessés de la Commune, — le quatrième, ancien zouave pontifical qui prononça ses vœux quelques jours seulement après l'expulsion du 3 novembre, pour partir immédiatement évangéliser l'Afrique.

Et il termine ainsi :

« Les voilà ces criminels que l'on disperse, que l'on chasse et dont on viole le domicile !

« Eh bien, Messieurs je vous demande justice.

« C'est une nécessité. Notre présence à votre tribunal découle d'un devoir; aussi n'avons-nous pas eu de contradiction. Les religieux que je défends accomplissent, je le répète, un devoir, parce qu'ils parlent au nom de la Croix, de cette Croix qu'ils portent à la main et qui plane sur vos têtes. La croix s'est dressée contre toutes les tyrannies. Si elle impose toutes les obéissances, parce qu'elle est la source de tous les devoirs, elle est aussi la source de tous les droits.

« Voilà pourquoi nous revendiquons les nôtres. Oui, nous sommes les hommes de l'obéissance et de l'abnégation au nom de la Croix ; mais, qu'on le sache bien, nous sommes aussi, en son nom, des hommes de liberté, parce qu'elle est la source de tous les droits et la sauvegarde de toutes les libertés. »

Un autre incident, qui s'était passé le 3 novembre, donna lieu à un nouveau procès, intenté cette fois non plus par les religieux, mais par des laïcs odieusement et arbitrairement traités par les commissaires de police Troquier, Vallée et Aymard. M. Catta fut encore chargé de cette affaire : il avait d'ailleurs lui-même en son nom propre à formuler les mêmes griefs contre les mêmes adversaires.

Voici d'abord en quels termes la brochure (1) qui

(1) Siège de 12 heures chez les Capucins de Nantes. — Nantes, Libaros, 1880

raconte le siège du couvent des Capucins, relate l'incident qui provoqua ce procès :

« ..... Vers deux heures un quart, on annonça que M. le Préfet était mis en demeure de venir opérer lui-même.

Il fallait lui préparer son entrée. Le commissaire central juge sans doute que la présence d'un trop grand nombre d'honnêtes gens pourrait extraordinairement gêner M. Herbette. Soudain, M. Troquier, *au mépris de sa parole, deux fois donnée*, crie à ces agents de faire sortir les témoins, et même M. Catta, avocat des religieux. Tout souffrant encore d'une opération chirurgicale, qu'il avait subie la veille, M. Arnous-Rivière proteste avec énergie.

Il refuse absolument de sortir. Le premier, il est saisi et violemment expulsé. Les agents l'entraînent. Une voix amie s'écrie d'une maison voisine, en s'adressant aux officiers de gendarmerie : « N'est-ce pas une honte pour vous de laisser traiter ainsi un ancien officier de l'armée française !... Les agents lâchent M. Arnous-Rivière, qui tombe presque sans connaissance en entrant dans cette maison, tellement on l'a maltraité.

A l'injonction du commissaire, M. de Cazenove de Pradines répond : « Nous avons l'insigne honneur d'être « en ce moment les hôtes des RR. PP. Capucins ; nous « ne reconnaissons ici d'autre autorité que la leur, et ne « sortirons que par leur ordre ou par la force. »

Le commissaire. — Je vous intime l'ordre de sortir.

M. de Cazenove. — Je vous rappelle les responsabilités terribles qui vous incombent ainsi qu'à celui qui vous envoie, sans avoir même le courage de venir regarder ses victimes en face.

— C'est nous qui sommes les victimes, ose répondre le commissaire central.

— Bien volontaires en tous cas.

L'héroïque mutilé de Patay est appréhendé au corps par deux agents qui s'excusent près de lui et semblent consternés. On le conduit ainsi jusqu'à la rue.

Après M. de Cazenove, c'est le tour de M. Catta. Celui-ci, quand les commissaires Vallée, Aymard et Moté ont donné l'ordre d'expulser, s'est approché d'eux et leur a fait remarquer qu'il était le conseil des Pères, qu'en cette qualité il avait reçu la police et conféré avec le Commissaire central.

— N'importe ! ont-ils répondu.

— Mais, a repris M. Catta, vous ne pouvez séparer les Pères de leur conseil. Je ne céderai qu'à la force.

Ordre a été alors donné aux agents et M. Vallée a lui-même mis la main sur le bras de M. Catta, qui a été poussé par les épaules.

Rencontrant alors le commissaire central, M. Catta lui a demandé s'il maintenait l'ordre donné à ses agents, en lui rappelant qu'il était l'avocat des Pères.

— Oui, a dit brutalement le commissaire central, *et le parquet doit s'estimer heureux d'avoir été débarrassé d'un magistrat comme vous.*

A ces mots, les protestations les plus énergiques se font entendre, et M. Catta a prononcé ces paroles :

— « Je proteste contre la violence qui m'est faite. Je vous prends à témoin, messieurs, vous M. le chef d'escadrons et vous M. le capitaine de gendarmerie, qu'on viole en ma personne la liberté de la défense et qu'on vient de m'insulter indignement. »

Après M. Catta, c'est M. G. Poulain qui s'écrie : « Je proteste à mon tour contre cette manière de faire. Vous avez reconnu ce matin notre droit de rester auprès des Pères, et maintenant vous nous chassez, parce que nous vous gênons. Je signale à tous votre déloyauté ! »

MM. le Marquis de Ternay, Vidie et le Comte Le Maignen de la Verrie subissent le même sort. On les traîne brutalement à la porte, malgré leurs protestations et celles de Mᵉ Anthime Ménard. Un commissaire de police prend leurs noms et adresses. C'est ainsi que M. Troquier sait tenir sa parole.

Des fenêtres de premier étage du couvent, quelques-uns d'entre nous ont été les témoins indignés de ces violences, qui nous semblent inexplicables. Un quart d'heure après, nous avons le mot de l'énigme. M. Herbette, escorté de gendarmes, arrive au couvent. Livide, le visage décomposé, il est encore sous l'impression des avanies qu'il a dû subir sur la route de Rennes, des huées qui l'ont assailli, des cris répétés de : *A bas le crocheteur !* qu'il a entendus. « Jamais homme, nous dit-on, ne fut hué comme cela. » Il n'avait pas voulu se trouver en face des hommes de cœur qui l'auraient forcé à rougir devant eux, et il a justifié ainsi les paroles de M. de Cazenove... »

On comprend qu'après avoir été traités de la sorte, les honorables témoins, mandataires et conseils des Pères aient voulu obtenir réparation pour une atteinte aussi injurieuse à leur droit et à leur honneur.

Ils décidèrent de poursuivre les commissaires de police Troquier, Vallée et Aymard. L'affaire fut confiée à M. Catta qui, ayant été lui aussi insulté, devait avoir ainsi le moyen de se défendre publiquement avec ses amis.

L'affaire vint le 7 février 1881 devant le tribunal civil.

Voici en quels termes M. Catta parla de ses honorables clients (1) :

(1) *Espérance du Peuple*, 8 février 1881.

« M. Ernest Arnous-Rivière, à vingt-deux ans, déjà brillant officier, conquérait la croix de la Légion d'Honneur, non à la porte d'un couvent de Capucins, mais sur le champ de bataille de Solferino. Appelé à un bel avenir, il y avait renoncé et avait quitté la vie militaire pour se consacrer à l'éducation de ses enfants ; mais en 1870, quand survint l'heure des désastres, quand le pays eut besoin de lui, il reprit son épée, et disant adieu à sa femme et à ses enfants, à la tète d'un régiment de mobiles, il vola à l'ennemi. Il combattit à Patay, à Cercottes, à Coulmiers, et prit part à toute la campagne de l'armée de l'Est.

« Le second (M. de Cazenove) était lui aussi à Patay.

« Il a été blessé à ce glorieux fait d'armes, l'un des plus beaux de notre histoire, où les Bouillé et les Verthamon ont rappelé d'Assas et sont morts comme lui. Il est honoré de l'amitié toute particulière du Prince qui vit en exil, et dont le caractère et la grandeur d'âme arrachent à ses plus fiers ennemis le tribut de leur admiration.

« Le troisième (M. Le Maignen de la Verrie) est le chef à Nantes, de cette institution inspirée par l'ardente charité de saint Vincent de Paul, qui s'ingénie à découvrir toutes les misères pour les soulager et les consoler.

« Le quatrième (M. Vidie), vous le trouvez dans toutes les bonnes œuvres ; mais sa main se cache avec soin, de sorte que son dévouement n'a d'égal que sa modestie.

« Le cinquième (M. Poulain) est un noble cœur qui s'est souvenu d'une vieille amitié pour le R. P. Gardien et qui a voulu être à côté de lui, au jour de l'épreuve, pour l'entourer plus spécialement de ses chaudes sympathies et, s'il le fallait, lui faire un rempart de sa personne. »

M. Catta établit ainsi le but que se proposent les demandeurs :

« On semble croire *ex adverso* qu'ils cèdent à un sentiment de mauvaise humeur, à un caprice, au désir de créer des ennuis au préfet ou aux commissaires de police. — Qu'on se détrompe. Leur pensée est plus haute, leur but plus élevé. Il suffit de les connaître pour se rendre compte du mobile auquel obéissent mes clients, mes amis... Ces hommes-là ne font pas un procès irréfléchi, téméraire. En se présentant devant vous, ils veulent affirmer un droit odieusement méconnu dans cette exécrable journée du 3 novembre 1880, journée néfaste, pendant laquelle tant de droits, les droits les plus sacrés, ont été si audacieusement et si impunément violés. »

Et faisant allusion au mode de défense derrière lequel se retranchent peureusement leurs adversaires :

« Ah ! ils savaient bien qu'on leur opposerait une exception d'incompétence, qu'ils se heurteraient à un déclinatoire, à un arrêté de conflit ! N'importe ! Ils ont voulu affirmer leur droit, et ils attendront qu'il triomphe à son heure, car le droit est impérissable et il surnage comme une épave sur les flots mouvementés. Ils ont foi dans la justice de leur pays ; mais, si elle faisait défaut, ils lèveraient les yeux au-dessus de vos têtes et y puiseraient un enseignement. Lorsque le Juste fut crucifié, on put croire que la justice était morte sur la terre ; les bourreaux ont passé, l'Empire Romain est tombé, et aujourd'hui le Crucifié préside au jugement des hommes. Ils ne désespèrent donc pas ; en attendant, ils veulent affirmer, exercer leur droit, car il est des moments où l'exercice d'un droit devient un devoir, et, suivant la parole du Prince dont je parlais tout à l'heure, ils n'abdiqueront jamais leur devoir. »

Au milieu d'un profond silence qui témoigne de l'émotion dont est gagnée la nombreuse assistance, M. Catta raconte alors les faits odieux qui ont donné naissance au procès. Il établit que les qualités de mandataires des propriétaires du couvent, de conseils et de témoins des Pères appartenaient indiscutablement aux demandeurs, que le commissaire Troquier les leur avait lui-même reconnues, qu'il leur avait donné sa parole de les laisser près des Pères, et que tout cela ne les a pas gardés de l'expulsion ni de l'insulte. Relevant l'injure personnelle qui lui a été faite, l'ancien magistrat s'écrie :

« L'outrage est retombé sur son auteur ; quant à nous, nous l'avons reçu, venant de lui, comme un honneur, dont le souvenir sera certainement plus durable que le ruban rouge attaché à la boutonnière de l'insulteur. »

Devant les juges d'alors la démonstration de l'injustice et de l'odieux de tels actes était encore possible. M. Catta n'eut pas de peine à faire voir qu'ils constituaient au regard des religieux dont les demandeurs étaient les hôtes, à celui des propriétaires dont M. Arnous-Rivière était le mandataire, une violation de domicile, et vis-à-vis de lui-même des violences attentatoires à l'honneur et à la liberté

Les adversaires se retranchaient derrière un déclinatoire d'incompétence. En d'autres termes, cela voulait dire que, le principe de la séparation des pouvoirs s'opposant à ce que des actes administratifs soient jugés par les tribunaux judiciaires, les sieurs Troquier, Vallée et Aymard se prétendaient par là même soustraits à la juridiction devant laquelle on les traduisait.

En une discussion serrée, parfaitement claire et qui avec le temps n'a rien perdu de son intérêt ni de sa valeur, M. Catta établit que ce déclinatoire d'incompétence est sans fondement. Il ne s'agissait pas d'actes administratifs ; l'expulsion dont les demandeurs avaient été victimes n'était nullement indispensable aux commissaires de police pour exécuter un arrêté d'ailleurs illégal. On ne se trouvait en présence que de fautes personnelles, dont les fonctionnaires poursuivis étaient parfaitement justiciables devant les tribunaux civils. Les arguments juridiques apportés à l'appui de cette thèse, les espèces citées en jurisprudence, les auteurs invoqués font de cette plaidorie un intéressant chapitre de droit administratif. M. Catta excellait en ce genre d'éloquence, purement technique, singulièrement dangereux pour ses adversaires, et où apparaissaient toutes ses qualités de logicien et de jurisconsulte.

Avec quelle ironie il dénonce le « charlatanisme libéral » dont se sont masqués les auteurs de l'abrogation de l'article 75, de la « garantie constitutionnelle » dont se servaient les gouvernements antérieurs ! On abroge, par libéralisme, mais on ne veut pas des conséquences de cette abrogation ; les coupables au lieu de se défendre, cherchent à fermer à ceux dont ils ont violé les droits, la porte de tout tribunal. Vraiment les mœurs juridiques des tyrans qu'on a renversés étaient préférables.

« Eux du moins avaient le Conseil d'Etat posté à la porte des prétoires, les ouvrant ou les fermant lorsque des fonctionnaires étaient poursuivis. C'était franc, loyal, et on trouvait quelques garanties dans ce grand corps du Conseil d'Etat. Aujourd'hui, il n'y a plus de telle garde à vos portes, les tribunaux sont ouverts; mais il nous est défendu de vous demander justice ».

On objectait que les faits reprochés, étant au moins la conséquence d'un acte administratif, devaient être confondus avec lui et rester impunis comme lui. Argument qui n'a pas vieilli et que reprend aujourd'hui l'administration pour se mettre à couvert de toutes les responsabilités.

« Comment! répond M. Catta, un préfet, un maire, parce qu'il agit comme préfet et comme maire, pourra injurier, blesser, battre, tuer quelqu'un ; et il s'en tirera en disant qu'il était dans l'exercice de ses fonctions et, il n'y aurait pas de juges pour le juger ! C'est monstrueux ! Si cela était un principe de la législation de mon pays, j'en rougirais pour mon pays. Si une nation l'admettait dans ses codes, ce serait une nation perdue. Le jour où il sera démontré qu'un homme public, par cela seul qu'il exerce une fonction administrative, pourra impunément maltraiter un honnête citoyen, il n'y aura plus de société possible ; car si entre l'agresseur et sa victime, il n'y plus la justice comme intermédiaire, que voulez-vous qu'il advienne ? Non, il n'en est pas, il n'en saurait être ainsi.... »

Et cette discussion, si vigoureusement conduite, se termine par cette éloquente conclusion :

« Si des religieux expulsés s'adressent aux tribunaux afin d'être réintégrés dans leur domicile, ils rencontrent des exceptions d'incompétence, des déclinatoires, des arrêtés de conflits ; si des particuliers expulsés, violentés et maltraités avec eux, lésés dans leurs droits, demandent réparation aux tribunaux, ils rencontrent les mêmes obstacles... si des particuliers résistent à des actes qu'ils prétendent criminels, ils sont condamnés ; avant tout, dit-on, il faut obéir aux agents de l'autorité. Soit ! mais si vous voulez que j'obéisse, même quand il me semble qu'on viole mes droits, ouvrez-moi toutes grandes les portes des tribunaux, afin que je puisse me plaindre, que j'obtienne réparation de l'injustice que j'ai subie. Sans cela, ce qu'on exige est au-dessus des forces humaines. Non, il n'est pas bon de laisser un homme outragé, maltraité, victime d'une violation quelconque de son droit, en face d'un déni de justice permanent. Je le déclare, si l'on persiste dans cette voie, ce qu'on prépare pour mon pays, c'est plus que la servitude, c'est la prostration.

« Qu'on prenne garde ; les réactions sont toujours possibles ; elles le sont surtout alors que l'oppression est plus forte. Sans se donner des allures de prophète, on peut prédire que, par suite de ces revirements qui se produisent fréquemment dans la vie des peuples, les vainqueurs d'aujourd'hui seront les vaincus de demain ; des hommes autrement puissants que ceux qui nous gouvernent, sont tombés de plus grandes hauteurs. Si pareille chose arrive, ceux qui réclament maintenant l'incompétence des tribunaux, ceux qui opposent des déclinatoires et qui usent si gaillardement de l'arrêté de conflit, s'estimeront peut-être heureux de s'abriter derrière les jugements que nous sollicitons de votre justice. Quant à nous, je vous le dis au nom de mes généreux amis et au mien, si notre voix peut alors se faire entendre, elle s'élèvera comme aujourd'hui, pour défendre le droit, la justice et la liberté ».

Le 28 février 1881, le tribunal rendit un jugement qui admettait les conclusions si bien développées par M. Catta et rejetait l'exception d'incompétence des défendeurs et le déclinatoire opposé par le Préfet. Naturellement ce dernier prit un arrêté de conflit. C'était avouer sans honte la crainte qu'on éprouvait de la justice, et l'administration de la 3ᵉ république donnait ainsi une nouvelle preuve de ce charlatanisme et de cette hypocrisie qui venaient d'être flétris en des termes d'une cinglante ironie. Ce n'était là qu'un épisode de la grande lutte qui eut alors lieu entre l'administration et la justice. Mais cette fois le dernier mot resta à la justice.

Le Conseil de l'Ordre des avocats ayant autorisé M. Catta à poursuivre l'affaire en son nom personnel, le Tribunal correctionnel, présidé par M. Crucy-Duvau, rejeta, cette fois encore le déclinatoire du Préfet. Fidèle à sa tactique, ce dernier prit un *arrêté de conflit*; mais le Tribunal des Conflits, contrairement à l'espoir de l'administration, donna raison à l'ancien magistrat insulté. Par un arrêt du 2 avril 1881, — souvent cité depuis, — il déclara que les insultes du sieur Troquier ne pouvaient être considérées que comme une faute personnelle dont il restait responsable, et pas du tout comme une faute de service imputable à l'administration (1).

C'était un résultat qui justifiait l'attitude de résistance que M. Catta n'avait pas hésité à conseiller et

____

(1) *Gazette des Tribunaux.* 24 Avril 1881. — *Les expulsés devant les Tribunaux*, par J. Auffray et L. de Crouzaz-Crétet p. 664.

qu'on eût peut-être mieux fait de garder dans la suite. Pour sa part, l'avocat des Pères Capucins et de leurs amis y fut toujours fidèle. Il resta l'ennemi des concessions, l'homme de résistance et de combat, le catholique absolu dont la rectitude de jugement, le caractère et les mérites s'affirmeront de plus en plus et recevront bientôt leur récompense.

VI

Mariage. — Élection au Conseil Municipal de Nantes. Le Comité conservateur du 2ᵉ canton. — Défense des Écoles libres. — Récompense Pontificale.

Les années 1880 et 1881 furent des plus marquantes de la vie de M. Catta. Elles virent sa démission, ses premiers succès au barreau de Nantes, son mariage. Sa destinée, qui un moment avait pu paraître compromise aux yeux des prudents et des habiles, allait prendre une orientation toute nouvelle, et sa studieuse et victorieuse jeunesse atteindre enfin son idéal. Après les épreuves et les sacrifices qu'il avait rencontrés sitôt, il touchait au bonheur stable vers lequel tendaient ses espérances.

La main de la Providence était trop visible dans tous ces événements pour que M. Catta et ses amis ne l'aient pas reconnue. Toute sa vie il se plut à répéter combien il avait senti de près la protection de Dieu, et ses enfants ont pu hériter de lui cette inaltérable confiance en la Providence, gage d'une sérénité d'âme qui fut peut-être le plus noble trait de la figure morale de leur père.

Le 19 avril 1881, Mgr Le Coq, évêque de Nantes, bénissait en l'église cathédrale de cette ville le mariage de M. Catta avec Mlle Marguerite Dezanneau.

La famille Dezanneau, originaire des Deux-Sèvres, s'était, au XVIIIe siècle, divisée en trois branches dont l'une était restée dans ce pays, l'autre s'était fixée en Anjou et avait donné à la capitale de cette province l'une des sommités de la science chirurgicale (1), la troisième, établie en Bretagne, était alors représentée par M. Théobald Dezanneau qui en 1871 avait été député de la Loire-Inférieure à l'Assemblée Nationale et y avait marqué sa place parmi les plus fermes champions de la monarchie (2). On put donc dire que ce mariage unissait deux noms particulièrement chers aux Nantais, rappelant les mêmes dévouements, entourés des mêmes sympathies.

Mme Catta appartenait à cette branche de la famille Dezanneau restée dans les Deux-Sèvres, non loin du lieu de l'origine commune, en un pays particulièrement agréable, bon et riche en souvenirs, le Bressuirais, aux confins du Bocage vendéen et de la Gâtine. Non loin de là se trouvaient d'un côté la paroisse de Boismé, où vivait alors, au château de Clisson, le dernier représentant des la Roche-Jaquelein, et d'un autre côté celle de Faye l'Abbesse,

---

(1) M. le docteur Dezanneau, qu'affectionnait tout particulièrement Mgr Freppel, mort il y a quelques années, emportant d'unanimes regrets, et dont les enfants continuent les belles traditions.

(2) Honoré de l'amitié de M. le Comte de Chambord, il refusa de s'associer au vote du Septennat du Maréchal de Mac-Mahon.

dont un grand-oncle de Mme Catta avait été le curé, après avoir subi, sous le Directoire, les rigueurs de la déportation à Cayenne.

Il faut le répéter, malgré la crainte d'affliger la modestie de celle qui, après avoir été l'épouse admirable de celui qu'elle pleure, reste la mère héroïque des enfants auxquels elle montre la route du devoir, — cette union était manifestement préparée par la Providence. A elle seule, elle explique les difficultés qu'eut à traverser celui dont nous connaissons les luttes pour arriver au bonheur du foyer : elle en fut la récompense. En cette ville où l'avaient amené des événements si inattendus, il devait rencontrer enfin une âme, faite à l'image de la sienne, énergique et tendre comme elle, comme elle éprise d'idéal.

Il était temps que ces joies vinssent au cœur auquel allaient manquer de plus en plus les affections de sa propre famille, frappée par la main de la mort.

Le 27 août de cette même année 1881 mourait à Bastia la mère de M. Catta, née Saveria Rossi. Son fils, appelé près d'elle, s'y était rendu en toute hâte et avait eu la suprême consolation de recevoir sa bénédiction et de lui fermer les yeux.

Nous avons déjà dit la haute vertu, la sainteté même de cette femme en qui les dons du cœur s'unissaient à ceux de l'esprit et qui, son mari étant absent de Corse pour les raisons que nous connaissons, sut inculquer à son fils l'esprit de foi et les belles qualités morales dont elle était elle-même douée à un si haut degré. Elle mourut après de cruelles souffrances, endurées depuis longtemps avec un rare esprit de sacrifice, bénissant avec effusion ce fils qui s'était habitué à reporter vers sa mère ses joies et ses peines, ses succès et ses épreuves, et lui promettant de « les voir toujours » lui et la famille qu'il venait de fonder.

Peu de temps après, le 27 janvier 1882, la naissance d'un garçon vint apporter à M. et Mme Catta une douce consolation. On lui donna les noms de Jean-Dominique-Henri.

De quelle tendresse allait être entourée ce premier-né ! que de plans furent formés sur cette jeune tête ! Mais, dans l'intime de son âme, et sans même s'en ouvrir à personne, ce père offrit à Dieu son premier enfant. Son sacrifice allait être agréé : moins de vingt ans après, cet aîné partirait pour le noviciat des Pères de la Compagnie de Jésus.

L'année suivante, en 1882, un nouveau deuil venait frapper M. Catta. Son père n'avait pu survivre longtemps à l'épouse et à la sainte qu'il pleurait et il s'éteignit subitement, le 7 décembre, à l'âge de 88 ans. L'événement fut si rapide que son fils ne put aller lui dire un dernier adieu. Cette circonstance lui fut particulièrement amère.

Au milieu des joies et des deuils de famille, M. Catta ne perdait pas de vue les intérêts publics. Il restait l'homme de la cité ; les preuves de caractère et de talent qu'il avait données à sa nouvelle patrie s'étaient multipliées ; on l'aimait et on l'appréciait ; on le mit en avant, et le 16 avril 1882 il était élu conseiller municipal du 2e canton de Nantes.

Sa candidature avait été présentée par le Comité

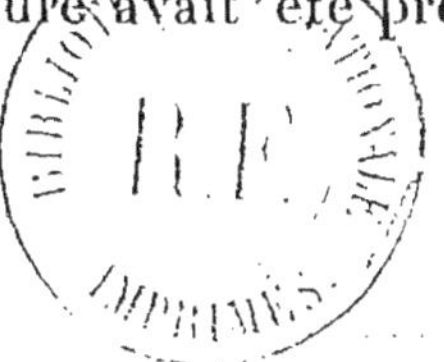

Conservateur de cette section électorale, et au bas de l'affiche qui invitait les électeurs à voter « pour ce mandataire éprouvé de la bonne cause », se lisaient les noms suivants, restés synonymes du dévouement et de l'honneur : Amiral de Cornulier ; Henri de Cornulier ; F. Le Romain ; J. de la Laurencie.

Voici en quels termes nous trouvons annoncée dans le numéro du 8 avril 1882 du Journal l'*Ami de la Vérité*, la candidature de M. Catta :

CONSEIL MUNICIPAL

Election complémentaire du 16 Avril 1882

« Les électeurs du 2° canton auront à élire le 16 avril un conseiller municipal en remplacement du regretté M. Espitalié La Peyrade (1).

« Le délai qui nous était laissé étant très court, nos amis ont dû agir avec une grande célérité. Dès mercredi une nombreuse réunion a été tenue pour désigner un candidat, le choix de la réunion s'est porté sur l'honorable M. Catta, dont la candidature a été accueillie avec la plus vive sympathie et approuvée *à l'unanimité.*

---

(1) En la personne de M. Espitalier La Peyrade, le conseil municipal et la ville de Nantes tout entière faisaient une très grande perte. Le nom de cet homme de bien dont le dévouement n'eut d'égal que la fermeté dans ses convictions politiques et religieuses, est resté l'un des plus honorables de la cité nantaise. Voici en quels termes le même numéro de l'*Ami de la Vérité* annonçait sa mort :

« Notre excellent ami, M. La Peyrade, conseiller municipal du 2° canton est décédé samedi dernier.

Homme intelligent et de cœur, M. La Peyrade était le président des Cercles catholiques d'Ouvriers et un des membres les plus dévoués et les plus actifs des Œuvres de charité de notre ville.

Il emporte tous nos regrets et ceux de tous les hommes qui lui prêtaient un si généreux concours. »

« Déjà, au mois d'octobre, la candidature de M. Catta avait été en quelque sorte posée dans le 2ᵉ canton. Les voix des membres de la réunion s'étaient réparties d'une manière presque égale entre M. le docteur Joüon et M. Catta ; celui-ci n'avait eu que trois voix de moins.

« Les électeurs ont choisi et élu M. Joüon ; ce choix était excellent, celui de M. Catta n'est pas moins bon.

« M. Catta, par son intelligence, son talent oratoire et son dévouement dont il a donné des preuves si éclatantes, est appelé à rendre au canton de précieux services. Aussi son élection, nous n'en doutons pas, sera ratifiée par la religieuse population du 2ᵉ canton. »

Cette sorte de compétition pour l'honneur d'aller le premier au feu, fut le point de départ entre MM. Joüon et Catta d'une amitié qui, loin de diminuer avec le temps, devait se changer en une véritable intimité. Entrés tous deux presqu'au même moment au conseil municipal, ils rendirent à la ville les mêmes signalés services et menèrent ensemble le même combat. Médecin éminent et orateur disert, professeur à l'école de médecine de Nantes, conseiller municipal, puis conseiller général du 2ᵉ canton, M. le Docteur Joüon unissait à d'exceptionnelles compétences une modestie plus rare encore. Son cours à l'Ecole de médecine lui avait acquis une réputation qui eût permis à son talent d'embrasser une plus vaste carrière s'il n'avait préféré consacrer à sa ville et aux plus humbles de ses concitoyens le meilleur de son temps. Ses interventions au conseil municipal puis au conseil général étaient écoutées avec toute l'attention qui s'attache à une parole dont la fine éloquence est doublée d'une science incontestée et qu'inspire la sincérité du cœur. Derrière un visage froid, sévère même, M. Joüon cachait une infinie douceur et une grande fidélité d'affection. Ceux qui approchèrent M. Catta, durant la maladie qui devait l'emporter, savent de quels soins, de quelle attention émue l'entoura ce médecin, pourtant surmené à ce moment même par les agitations d'une campagne électorale, et qui ne devait d'ailleurs survivre que d'une année à peine à l'ami qu'il n'avait pu sauver.

Revenons à l'élection de 1882.

Elle fut un réel succès pour le parti conservateur. M. Catta fut élu par 1.603 voix contre 1.125 accordées à son adversaire, M. Laubis. Sur ce dernier s'étaient concentrés les efforts de tous les comités républicains, avancés ou « libéraux », au nom desquels le journal *Le Phare* n'avait épargné au candidat « clérical » ni les injures ni les insinuations calomnieuses.

Ce succès avait une signification particulière. Au lendemain de l'exécution des décrets, le choix du magistrat démissionnaire devenu l'avocat des religieux expulsés et des nobles cœurs qui s'étaient groupés autour d'eux au jour de l'épreuve, était une protestation contre l'impudente tyrannie dont devait particulièrement souffrir la catholique population du 2ᵉ canton de Nantes.

Ce poste de conseiller municipal, M. Catta devait l'occuper 21 ans ; toujours fidèle aux principes sur lesquels s'était faite son élection il ne changea jamais une ligne de son programme, mais on peut dire aussi que nul ne prit plus au sérieux une pareille tâche ni n'apporta aux intérêts qu'il représentait un dévouement plus consciencieux.

M. Colombel, alors maire de Nantes, ne se trompait pas dans les prévisions que manifeste la lettre suivante par laquelle il souhaitait la bienvenue à son nouveau collègue :

Nantes, le 18 Avril 1882

Mon cher Catta,

Je vous envoie ci-contre une convocation officielle, mais je tiens à y joindre ce mot personnel. — Si au point de vue politique nous suivons des lignes tout opposées, je suis certain que sur le terrain municipal, j'aurai en vous un auxiliaire intelligent et devoué ; aussi, est-ce de tout cœur que je vous souhaite la bienvenue.

Votre confrère et collègue
G. Colombel.

M. Catta répondit :

Mon cher confrère et nouveau collègue,

Je vous remercie bien sincèrement de la manière avec laquelle vous me souhaitez la bienvenue au sein du conseil municipal. Je ne suis nullement surpris d'une courtoisie dont la bonté de nos rapports antérieurs était le gage.

La politique peut mettre dans des chemins opposés deux hommes de cœur ; mais deux choses peuvent les rapprocher : le dévouement aux intérêts communs qu'ils représentent, et la loyauté de leurs intentions.

Vous trouverez, soyez-en sûr, l'un et l'autre chez

Votre confrère et nouveau collègue
A. Catta.

La suite montrera bien que celui que certains journaux représentaient comme un intransigeant fanatique n'hésita jamais à travailler loyalement avec ses adversaires politiques pour le bien de ceux qu'il représentait avec eux. Mais il faut ajouter, — ses rapports avec M. Colombel en furent aussi la preuve, — que ni l'aménité naturelle de son caractère, ni son désir sincère de l'union et du bien public ne lui firent jamais sacrifier un principe.

A partir de ce moment, M. Catta resta l'un des plus fermes soutiens, l'un des orateurs les plus écoutés du comité conservateur du 2° canton de Nantes. Cette organisation électorale eut à soutenir bien des attaques, surtout, — il faut le dire, — de la part d'un journal et d'un parti qui tous deux abritaient faussement sous l'autorité des paroles du Pape leurs jalousies et leurs principes révolutionnaires. Pourtant c'est à ce comité que sont dûs les succès remportés par les honnêtes gens dans une section électorale qui depuis longtemps n'a jamais envoyé siéger aux assemblées électives que des hommes dignes de faire flotter le drapeau « de l'Ordre et de la Liberté » (1).

Que de noms se pressent ici sous notre plume, et qu'il faudrait tous citer ! Entre ceux qui centralisaient et gardaient pour eux-mêmes tout le poids, toutes les préoccupations, toute l'organisation des campagnes électorales, il s'établit des relations intimes, un échange ininterrompu d'idées, comme aussi de

____

(1) Devise du Comité.

mutuels services. Ainsi rien n'était laissé au hasard, la lutte était menée suivant un plan déterminé, accepté par tous, et cette organisation que l'un de ses auteurs, — et l'un de ceux dont la retraite a causé le plus de regrets (1) — appelait « notre syndicat pour le bien », fut le secret des victoires électorales du 2ᵉ canton.

L'un prêtait à l'autre le secours de sa parole. On se partageait la besogne, et les candidats se soutenaient mutuellement.

On peut dire que M. Catta ne resta pas étranger à une seule des élections qui depuis 1882 ait intéressé ce 2ᵉ canton où il était d'ailleurs particulièrement aimé.

En 1883, notamment, il s'occupa beaucoup de la réélection au conseil général de M. Henri de Cornulier, qui se présentait nettement comme catholique et monarchiste. M. Catta prononça à cette occasion un fort beau discours devant les électeurs du 2ᵉ canton, réunis rue du Lycée, chez M. Douineau (2). Nous

____

(1) M. le Comte de la Laurencie. Ancien officier de cavalerie, ayant fait campagne en Afrique et pris part aux plus dures épreuves de la guerre de 1870, il donna sa démission, et s'étant fixé à Nantes, fut élu successivement conseiller municipal et conseiller général Il resta longtemps président du comité électoral du 2ᵉ canton. Au soldat avait succédé l'homme politique, mais on peut dire que ce dernier garda et sut faire passer dans sa vie publique les qualités de droiture, de bravoure et de méthode toutes militaires du premier. Dans sa retraite il est encore le conseiller de ceux qui lui ont succédé sur la brèche. Lettré, artiste et poète il est aussi l'une des figures les plus complètes et les plus marquées de la région nantaise.

(2) Ce discours a été publié *in-extenso*, Nantes, imprimerie Bourgeois, 1883.

n'en donnerons qu'un extrait qui suffira à rappeler à nos lecteurs la haute figure morale de M. Henri de Cornulier et qui sera aussi un hommage rendu à la famille d'un homme dont M. Catta fut honoré de la toute particulière estime et de l'inaltérable amitié.

« Nos adversaires prétendent que M. de Cornulier représente l'ancien régime... Ils ont dit que son nom signifiait : privilège. Eh bien ! oui Je me rappelle, en effet, un Alfred de Cornulier ; officier supérieur, il a pris part à la campagne de Crimée. Un jour, déjà couvert de blessures, il s'est mis à la tête de ses troupes qui attaquaient le Mamelon-Vert devant Sébastopol, et il est tombé pour ne plus se relever.

« Je connais un autre Cornulier, il s'appelle Henri. A dix-sept ans, il sortait de l'Ecole Navale. Il prenait aussitôt la mer et assistait à la campagne du Tage et d'Algérie. A vingt-et-un ans il entrait à la tête de cinquante hommes dans la Casbah de Bône, et il était décoré de la légion d'honneur. Puis il allait partout où se montrait le drapeau de la France : au Brésil, aux Indes, en Chine, au Japon, en Cochinchine, et il rentrait enfin parmi nous chargé d'honneurs mais surtout de fatigues. C'est l'amiral de Cornulier.

« Ce même homme a quatre fils qui, tous, servent la patrie dans la marine ou dans l'armée. Il y a quelques mois, je fus témoin d'angoisses paternelles. Le bruit se répandit que l'un de ces enfants avait été tué. Le bruit était faux : mais le père avait déjà consommé son sacrifice ! Et voilà le privilège que revendiquent aujourd'hui les Cornulier : celui de mourir et d'offrir leurs enfants pour la patrie ! »

Comme les autres, cette campagne électorale fut couronnée d'un éclatant succès, et la part qu'y avait prise M. Catta ajouta un lien de plus à ceux qui l'unissaient déjà à la population qu'il représentait.

Nous verrons, un peu plus tard, de quelle façon fut rempli ce long mandat de conseiller municipal que seule la mort devait lui faire abandonner.

A ces succès de l'homme public s'ajoutaient les joies d'un foyer visiblement béni de Dieu.

Le 18 mars 1883, y apparaît une fille, Marie Saveria, elle aussi prédestinée comme son frère aîné. Comme lui, elle devait être pour ses parents l'objet d'un nouveau sacrifice : le 20 juin 1904, elle prononçait ses vœux au monastère de la Visitation Sainte-Marie de Nantes.

Le 20 mai 1884, ce fut un second fils, Antoine-Yves, et deux ans plus tard un troisième qu'on appela Pierre.

En même temps, le cabinet de l'avocat prenait plus d'importance. Les espoirs que, dès le début, on avait fondés sur lui étaient dépassés. Les importantes affaires civiles dont il était chargé ne l'empêchaient pas de consacrer le meilleur de son temps et de son talent à la défense de l'Eglise. Après les congrégations expulsées, il eut à secourir la cause des écoles libres.

Cette époque fut, en effet, celle de la laïcisation des écoles communales. Dès ce moment, M. Catta se fit le correspondant en Loire-Inférieure de cette *Société générale d'éducation et d'enseignement* à laquelle la génération présente doit tant et qui certes ne mérite pas les reproches d'apathie et d'égoïsme si souvent adressés aux catholiques.

A Nantes, il prit une part importante à la fondation de la *Caisse des Ecoles libres*. Il fit partie du conseil, d'administration de cette société qui reste l'un des meilleurs efforts tentés dans notre pays en faveur de l'éducation populaire et à laquelle bien des écoles libres du diocèse durent leur salut.

En même temps, ces œuvres trouvaient en M. Catta l'avocat désintéressé et toujours prêt à prendre en main les situations difficiles.

Bornons-nous à mentionner ici les affaires de Teillé (arrondissement d'Ancenis) où il eut à défendre d'abord le curé de cette paroisse, M. l'abbé Doussin, propriétaire de l'école libre, auquel l'administration voulait imposer une institutrice laïque, — et l'année suivante, M. l'abbé Roux, vicaire de la même paroisse, auquel le maire cherchait querelle. Ces deux affaires se terminèrent au mieux des intérêts dont M. Catta s'était vu confier la défense et lui valurent la plus vive reconnaissance de ceux qu'il avait assistés.

Pour être complet, il faudrait, dans cet ordre d'idées, rappeler trop de procès dont le seul énoncé serait fastidieux et dépasserait les proportions de cette notice. Si nous avons cité celles de Teillé, c'est qu'elles eurent un certain retentissement. Elles mettaient en opposition des principes et dressaient l'un contre l'autre deux partis ; celui qui depuis est devenu le plus fort n'était pas encore sûr de sa victoire devant les tribunaux de France. Débats auxquels les prétoires se sont habitués depuis et qui n'ont souvent rien gardé de la dignité dont ils étaient encore revêtus en 1885.

On le voit, M. Catta avait mis son talent, sa science juridique, son éloquence et tout son dévouement au service de la cause dont il avait rêvé dès sa jeunesse d'être le champion. A 20 ans, à la suite d'une lecture de Joseph de Maistre, il avait noté cette phrase :

« Nous touchons à la plus grande des époques religieuses, où tout homme est tenu d'apporter, s'il en a la force, une pierre pour l'édifice auguste dont les plans sont visiblement arrêtés. »

Et le jeune étudiant avait ajouté :

« C'est vrai, très vrai, et j'espère, avec la grâce de Dieu, apporter un jour la mienne. »

Depuis, les années étaient venues. La grâce de Dieu n'avait pas fait défaut à celui qui si souvent et si humblement l'avait sollicitée ; et le chrétien militant avait apporté sa pierre à l'œuvre de la restauration religieuse.

Ce dévouement, l'Eglise elle-même tint à le récompenser ; elle voulut honorer la vie de ce généreux serviteur par une distinction qu'il put transmettre à ses enfants comme une marque de l'œuvre de bien qu'il avait accomplie et comme une obligation pour eux de la continuer.

Nous avons déjà dit quelle bienvaillance et quelle affection spéciales M⁓ Le Coq, évêque de Nantes, avait manifestées à M. Catta et à sa famille. Il en donna une nouvelle preuve en 1885. A cette date, en effet, il usa de sa haute influence pour obtenir de

Sa Sainteté le Pape Léon XIII, un bref conférant à
son diocésain le titre héréditaire de comte romain.
Le 26 Février 1885, il recevait ce bref (1) et l'en-

(1) En voici le texte et la traduction :

Dilecto Filio Benedicto Catta
Leo PP. XIII.

Dilecte Fili salutem et Apostolicam Benedictionem. Cum ex gravis-
simo Nannetensis Antistitis tui testimonio compertum habeamus, te
vitae integritate, religionis studio, atque immoto erga Nos et B. hanc
Petri Sedem obsequio spectatum egregiis in omnibus commendari
animi ingeniique dotibus, quae amplissimas benevolentiae Nostrae
significationes promoveantur, tali te idcirco augendum honore censui-
mus, qui non eisdem ac tua vita terminis circumscribatur, sed cuius
splendor ad tuos quoque posteros pertineat. Peculiari te igitur bene-
volentia complecti volentes, et a quibusvis excommunicationis et
interdictis, aliisque ecclesiasticis sententiis censuris et pœnis quovis
modo vel quavis de causa latis, si quas forte incurreris, huius tantum
rei gratia absolventes et absolutum fore censentes, te, dilecte fili, tuos
que posteros in primogenitorum linea masculina tantum dummodo
sint e legitimis nuptiis progeniti, et a Catholica nunquam religione

A notre cher Fils, Benoît Catta.
Léon XIII, Pape.

Cher Fils, salut et bénédiction apostolique. Nous savons, par le
témoignage très digne de foi de l'Evêque de Nantes, que vous avez été
remarqué par l'honnêteté de votre vie, votre zèle pour la religion et
votre soumission inébranlable au bienheureux siège de Pierre. Toutes
ces hautes qualités de cœur et d'esprit vous ont recommandé à Notre
bienveillance dont elles méritent les plus grandes marques. Aussi
voulons-Nous vous honorer d'une distinction telle qu'elle ne soit pas
seulement circonscrite au terme de votre vie, mais que son éclat atteigne
aussi votre postérité. Voulant vous entourer d'une exceptionnelle faveur, et vous absolvant, si vous les avez par hasard encourus, et en
vue seulement de cette circonstance, de toutes excommunications,
interdits ou autres sentences, censures et peines ecclésiastiques, de
quelque nature qu'elles soient et quel que ait été leur motif, Nous
vous donnons par ces Lettres le titre de Comte, dont Nous voulons,
de par notre autorité Apostolique, vous honorer vous, cher Fils, et
aussi vos enfants, du moins dans la ligne masculine et par ordre de

voyait à M. Catta en l'accompagnant de cette lettre :

desciverint, atque in debita S. huic Apostolicæ Sedi observantia perseverent. Comitis titulo hisce Litteris Apostolica Nostra auctoritate decoramus. Proinde tibi tuisque posteris supradictis concedimus, ut in publicis privastisque tabulis, diplomatibus et Apostolicis etiam Litteris quibuscumque hoc honoris titulo dici et nuncupari licite possitis et valeatis, utque utamini fruamini singulis quibusque honoribus, privilegiis, praerogativis, indultis, quibus alii huiusmodi titulo insignes utuntur fruuntur, vel uti frui possunt ac poterunt. Descernentes praesentes Litteras firmas, validas et efficaces existere et fore, suosque plenarios et integros effectus sortiri et obtinere, illisque ad quos spectat et in posterum spectabit in omnibus et per omnia plenissime suffragari ; sicque in praemissis per quoscumque iudices ordinarios et delegatos indicati et definiti debere, ac irritum et iuane si secus super his a quoquam quavis auctoritate scienter vel ignoranter contigerit attentari. Non obstantibus in contrarium facientibus quibus cumque. Datum Romae apud Sanctum Petrum sub Annulo Piscatoris die XIX Februarii MDCCCLXXXV Pontificatus Nostri anno septimo.

L. Card. JACOBINI.

primogéniture, pourvu qu'ils soient vos descendants légitimes et à condition qu'ils ne s'écartent jamais de la religion catholique et qu'ils persévèrent dans l'obéissance due au Saint-Siège Apostolique. Ainsi donc, à vous et à ceux de vos descendants que Nous venons de désigner, Nous permettons et de prendre et de porter valablement ce titre d'honneur dans tous actes publics et privés, diplômes et même lettres apostoliques, en sorte que vous puissiez user et jouir de tous les honneurs, privilèges, indults dont jouissent ou peuvent et pourront jouir ceux qui ont un titre de ce genre. Nous voulons que ces lettres soient durables, bonnes et efficaces, qu'elles aient et reçoivent leurs pleins et entiers effets. Elles devront être la plus considérable recommandation aux yeux de tous et en toutes choses, pour ceux qu'elles concernent et concerneront. Ainsi seront-elles annoncées et expliquées par les messagers et ambassadeurs ordinaires, et toute atteinte à elles portée sciemment ou non par quelque autorité que ce soit sera nulle et vaine. Donné à Rome, auprès de Saint-Pierre, sous le sceau du Pêcheur, le 19 Février 1885, en la septième année de Notre Pontificat.

L. Card JACOBINI.

(Place du Sceau.)

Nantes, le 26 Février 1885.

Cher Comte,

Je reçois le Bref pontifical et je vous l'envoie sans délai, trop heureux de pouvoir à nouveau vous adresser mes vives félicitations. Si j'ai été pour quelque chose dans le succès de cette affaire, j'en bénis Dieu, car je suis persuadé que si le titre qui vous est accordé donne à votre personne et à votre famille un nouvel éclat, il contribuera également et efficacement à l'honneur de l'Eglise et au bien de la religion.

Croyez, cher Comte, à tout mon affectueux dévouement en Notre-Seigneur.

† Jules, *Ev. de Nantes.*

Ce titre, les enfants de M. Catta l'ont recueilli dans l'héritage paternel ; il en constitue la plus glorieuse part. Il n'est pas téméraire de penser qu'ils y verront autre chose qu'une simple marque d'honneur. Souvenir consolant qui témoigne du dévouement et des œuvres de leur père, ce titre restera aussi pour eux l'acte en vertu duquel les Catta ne pourront être jamais que les fidèles du Christ et les soldats du Pape.

VII

Congrès des Catholiques de l'Ouest. — Le Conseil
municipal : les Processions, la *Mairie blanche*.
— Société de secours mutuels *la Bienfaisance*.

Du 16 au 21 Novembre 1886 se tint à Nantes, sous
le haut patronage de S. G. Mgr Le Coq, un important
Congrès des Catholiques de l'Ouest. M. de Cazenove
de Pradines, alors député de la Loire-Inférieure, en
fut le président. On sait de quel dévouement à
l'Eglise et à la patrie avait donné la preuve dans les
rangs des zouaves pontificaux et sur le champ de
bataille de Patay, celui que nous avons retrouvé aux
côtés des Religieux expulsés. Représentant de M. le
comte de Chambord et député de Nantes, il rendit à
cette ville des services qu'elle n'a pas oubliés. On le
trouvait à la tête de toutes les œuvres comme aux
côtés de tous les opprimés. De quel respect était
entouré de la part même de ses adversaires, celui
qu'on appelait « le glorieux mutilé de Patay ! » Nul
n'osa jamais mettre en doute la sincérité de ses
opinions, ni la loyauté de ses procédés. La distinc-

tion et la grâce de ses manières lui attiraient tous les cœurs. Il était l'honneur même, le soldat de Dieu et du Droit.

Voici en quels termes, à la séance de clôture du Congrès de 1886, Mgr Le Coq appréciait la façon dont M. de Cazenove s'était acquitté de sa charge de Président de cette Assemblée :

« La distinction de son esprit, la sûreté de son jugement, l'exquise délicatesse de ses procédés, je ne sais quel charme répandu sur sa personne, ont fait dire à tous que notre Président ne pouvait être mieux choisi... »

Nous n'entendons pas raconter en détail ce Congrès dont le compte-rendu trouverait plutôt sa place dans une histoire des œuvres catholiques de Nantes (1). Disons seulement que M. Catta en avait été nommé le Secrétaire Général et qu'une bonne part du succès de cette belle entreprise lui revint.

Pour donner une idée générale du Congrès de 1886 et en faire comprendre la signification et la portée, il suffira de citer ces phrases extraites de la préface que M. Catta écrivit en tête du compte-rendu complet des travaux de l'assemblée (2) :

« Il faut lutter avec les armes de son temps, disions-nous à un jeune homme dont la famille a inscrit plusieurs fois son nom dans les fastes de l'Histoire de

____

(1) Outre les nombreux rapports et les travaux des diverses commissions, cinq importants discours furent prononcés par MM. Hervé-Bazin, de Lamarzelle, Chesnelong, le chanoine Pergeline et Mgr Le Coq.

(2) « Congrès des Catholiques de l'Ouest, tenu à Nantes du 16 au 21 Novembre 1836. » Imprimerie Bourgeois, 1887.

France et qui se désespérait de ne pouvoir servir, comme l'avaient fait ses ancêtres, la Patrie et l'Eglise... Nous n'avons ni le choix des armes ni le choix des sacrifices qui conviendraient le mieux à nos goûts, à notre tempérament, à notre passé... De notre temps, les champs de bataille sont moins à la frontière qu'à l'intérieur et il faut se battre tous les jours, non à coups de fusil ou de canon, Dieu merci, mais avec le vote, avec la parole, avec la plume. Dans la mêlée quotidienne dont nos convictions, nos croyances, nos traditions, l'avenir de nos enfants sont l'enjeu, il faut que chacun de nous donne, qu'il se défende et qu'il frappe, s'il ne veut périr et voir les siens périr autour de lui.

« C'est là l'origine et la cause, en particulier, des Congrès Catholiques... Dans ces grandes Assemblées, qui sont comme les Assises d'une province ou d'une région, les Catholiques se rapprochent, se voient, échangent leurs projets, leurs espérances, font en quelque sorte le bilan de leurs bonnes œuvres,.... mettent en commun leurs tristesses, et après quelques jours passés dans la douce familiarité de la fraternité chrétienne, rentrent chez eux, l'esprit plus élevé, le cœur plus haut, la foi plus éclairée et plus fervente.

« Le Congrès des Catholiques de l'Ouest, tenu à Nantes, du 16 au 21 novembre 1886, a merveilleusement réalisé ce programme. Ceux-là peuvent l'attester qui vinrent y prendre part.... Ce congrès a provoqué non seulement à Nantes, mais en Bretagne, en Vendée, en Anjou et dans les pays limitrophes un mouvement considérable, qui s'est traduit par une magnifique explosion de foi... »

Pour bien comprendre l'importance et l'intérêt de ce Congrès de 1886, il faut s'abstraire des idées fausses et des concessions lamentables que nous avons vu depuis mettre en pratique. Il faut se reporter à cette époque où se pouvait légitimement faire jour l'espoir d'une organisation et d'une union sincère des catholiques, en vue d'opposer à la persécution une résistance effective. Espoir qu'on dut quitter bientôt et qui fut mis à néant par la politique du ralliement, point de départ de toutes les concessions comme de toutes les discordes intestines auxquelles nous avons assisté. En 1884, on n'en était pas encore là. Les congrès qui avaient rassemblé à Paris, à Lille, à Rouen... les catholiques des différentes régions de la France entière avaient eu partout le même succès. Et l'on n'avait pas vu seulement en ces assemblées l'œuvre d'un groupe isolé, d'une fraction plus ou moins importante, d'une opinion quelconque de nuance plus ou moins « neutre » ou « libérale », mais bien les assises de la France catholique tout entière, où se rencontraient dans une même foi, pour la même lutte, la jeunesse et l'âge mûr, comme aussi toutes les opinions politiques honnêtes.

C'est ce spectacle qu'offrit à Nantes le Congrès de 1886 ; il fallait en consigner ici le souvenir.

Nous ne pouvons pas non plus ne pas parler du remarquable discours que prononça M. Catta le 21 novembre, à la séance solennelle de clôture. En vertu de sa charge de secrétaire général, c'était à lui que revenait le soin de donner une vue d'ensemble des travaux qui avaient rempli pendant ces cinq journées les séances générales et celles des différentes commissions, comme aussi de développer l'idée générale qui les avait inspirés et dirigés.

Après s'être acquitté de la première partie de cette tâche et s'être spécialement étendu sur les œuvres de foi et de prière, sur celles d'enseignement, sur les œuvres sociales de charité et de propagande, M. Catta, en un langage dont on va pouvoir apprécier la hauteur, développa la grande idée de la mission de l'Eglise dans l'histoire du monde.

« ... Les douze pêcheurs, dit-il, reçurent mission de conquérir le monde et l'ont jeté aux pieds du Crucifié du Golgotha !

« Cette conquête, on la lui dispute aujourd'hui. De toutes parts, une lutte ardente, haineuse, cruelle, est dirigée contre l'Eglise. L'autre jour encore, on l'accentuait lorsqu'on disait à l'un de ses illustres défenseurs : « C'est en vain que vous faites des efforts pour retenir votre domination sur une génération qui vous échappe ». Nous relevons ces paroles et nous répondons à celui qui les prononça : .... Si vous prétendez interdire à l'Eglise toute domination sur les âmes, vous n'y réussirez point ; vous-même, vous ne lui échapperez pas, car le christianisme a pénétré jusqu'à la moëlle les peuples modernes ; vous en êtes imprégné vous-même et son atmosphère vivifiante vous enveloppe comme l'air que vous respirez entoure le globe.

« Oui, nous pouvons, nous devons hautement le proclamer : tous les progrès réels, tous les principes généreux, tous les bienfaits dont jouit notre société et que l'on appelle généralement les produits de la civilisation moderne, c'est le christianisme qui les a déposés, semences précieuses, dans le sein des peuples de l'Europe, et c'est l'Eglise qui les a fait germer, croître et se propager, en telle sorte que « nation chrétienne » est devenue synonyme de nation civilisée... »

L'orateur rappelle, à grands traits, avec une éloquence dont le ton s'est encore élevé avec le sujet, les principaux bienfaits de la civilisation chrétienne :

« Qu'on jette les yeux sur le monde avant la venue de Jésus-Christ ; partout, je ne parle pas seulement des nations barbares, mais des peuples asiatiques, où le faste et la mollesse sont si raffinés ; mais de Sparte, la République farouche ; mais d'Athènes, la République aimable ; mais de l'altière Rome, qui fit sentir si loin le poids du *Civis Romanus sum* ; partout, malgré les prodiges des arts et des lettres, malgré les vers harmonieux des poètes ou les pompeuses dissertations des philosophes, partout la moitié de l'humanité est comme hors la loi ; la femme occupe le rang infime, effacé, humiliant, qu'elle a encore chez les nations païennes : l'enfant est la propriété du père qui en dispose à son gré, comme d'un esclave ou d'une chose ; partout l'égoïsme, la fraude, la violence sont la règle des actions humaines ; partout enfin une poignée d'individus privilégiés assoient le fondement de leur orgueilleuse liberté sur la servitude lamentable des masses.

« Le Christ est apparu ; le Christ est mort : l'Eglise enseigne, et l'humanité se relève ; la femme, l'enfant prennent un rang honoré à côté du mari et du père qui cesse d'être un despote redouté pour devenir un guide écouté, respecté et aimé ; l'esclavage disparaît progressivement et tous les hommes, malgré les inégalités résultant de la force et de la nature des choses, sont unis dans les mêmes liens de la glorieuse fraternité des enfants de Dieu... »

Poursuivant ce haut enseignement social, M. Catta montre l'Eglise tantôt « frappant de ses foudres le criminel portant diadème », tantôt recueillant et protégeant les faibles et les opprimés. « Un jour elle remet à un pâtre, parce qu'il en est digne, les clés de saint Pierre. Un autre jour, elle inspire aux fils et aux filles des rois le désir de se couvrir de bure et de servir de leurs propres mains les déshérités de la terre. »

On parle de démocratie. Le Christianisme seul a donné l'exemple d'une démocratie qui ait été autre chose qu'une utopie ou un mensonge ; mais cette démocratie reste dominée par les règles de la hiérarchie et de l'auguste autorité. Si on la compare à la démocratie révolutionnaire au nom de laquelle on a semé dans le peuple la haine de l'Eglise, sa mère, on aboutira à cette conclusion que beaucoup pourraient aujourd'hui méditer avec profit :

« Le Christianisme a pour fondement l'amour, allant jusqu'à l'immolation de soi-même, tandis que la démocratie, celle du moins à laquelle nous faisons allusion, a pour principe l'égoïsme procédant de l'exaltation de l'individu, pour engendrer l'envie et la haine de tout ce qui le domine ou le surpasse.

« L'un veut que ce qui est grand se fasse volontairement petit, afin de grandir davantage.

« L'autre prétend abaisser tout ce qui s'élève, afin que tout se tienne sous un même niveau, qui ne peut être placé dans les hauteurs, parce qu'il est marqué par l'envie, qui demeure dans les bas-fonds... »

Et pour terminer ce magistral discours sur les destinées de l'Eglise, voici la péroraison qui souleva dans l'assistance de longues salves d'applaudissements :

« ...La tradition rapporte que saint Pierre, fatigué, épuisé, découragé par les difficultés de toute sorte que sa mission avait rencontrées, épouvanté par la persécution qui sévissait déjà contre le nom chrétien, s'enfuyait de Rome, lorsqu'il fit la rencontre de Jésus-Christ. « Où allez-vous, Seigneur, dit Pierre ? — Je vais à Rome où je t'avais envoyé, pour y être crucifié de nouveau. »

« Pierre comprit et rentra dans la ville, où la croix le reçut bientôt à l'instar du Divin Maître, et il inaugura, pour le suprême pontificat, cette voie glorieuse du martyre, où marchèrent tant de ses successeurs.

« Depuis, les Césars ont passé, l'Empire Romain est tombé, les Attila, venus soit du Nord, soit du Midi, les persécuteurs violents ou hypocrites, sortis du trône ou du carrefour, ont successivement disparu ; mais Rome est restée la capitale du monde, parce que le Pape y tient toujours les clefs de saint Pierre. Il y a quelques années, nous fûmes témoins du grand tressaillement qui se produisit dans toutes les nations catholiques, lorsque Pie IX, de douce et sainte mémoire, qu'on s'était habitué à ne pas voir mourir, s'éteignit dans le Seigneur. Qui nous conduira désormais ? Tel fut le cri d'angoisse qui s'échappa de nos poitrines. Peu de jours s'écoulent, et Léon XIII se lève pour répandre dans l'univers ses admirables enseignements... pour recevoir les hommages et devenir l'arbitre de souverains qui refusaient, hier encore, de reconnaître la Papauté. Oui, le Pape est toujours debout et il restera debout, parce qu'il a les promesses éternelles, parce qu'il s'appuie sur la Croix, et que la Croix demeure lorsque tout s'écroule autour d'elle : *Stat crux dum volvitur orbis !* (1)

____

(1) Devise adoptée par le congrès.

Comment mieux apprécier ce discours que par les paroles dont le fit suivre le président, M. de Cazenove, et que nous consignons ici comme l'un des plus précieux hommages dont aient été honorés le talent et la personne de celui dont nous écrivons la vie :

« Je ne dirai qu'un mot après le beau discours que vous venez d'applaudir, c'est que M. Catta a prouvé une fois de plus que chez lui le cœur est à la hauteur de l'esprit. Il possédait depuis longtemps la haute estime et les vives sympathies de nous tous, il vient d'acquérir de nouveaux droits à notre gratitude et à nos félicitations. Je suis d'autant plus heureux d'être votre interprète auprès de lui qu'il connaît de longue date mes sentiments pour sa personne et pour son caractère. »

On a parfois accusé les conservateurs de s'être bornés à faire quelques beaux discours. Ils n'ont pas assez agi, disent les générations nouvelles ; ils n'ont pas laissé d'œuvres ; ils n'ont pas rendu service au peuple, qui, à cause de cela même, s'est instinctivement détourné d'eux. Ainsi généralisé, le reproche est injuste et faux. On pourrait citer bien des « conservateurs » dont toute la vie ne fut qu'un consciencieux labeur consacré à la cause populaire. M. Catta fut de ceux-là.

Nous avons déjà dit avec quelle conscience il s'acquitta, pendant plus de 20 ans, de sa charge de conseiller municipal. Le moment est venu de préciser ici quelques-uns des services qu'il eut l'occasion de rendre dans cette assemblée à sa ville adoptive.

Les débuts de M. Catta au conseil municipal de Nantes furent marqués par la très vive campagne dont il se fit l'un des plus ardents promoteurs, en faveur du rétablissement des processions, interdites en 1881 par un arrêté du prédécesseur de M. Colombel à la mairie. Ces processions, surtout celles de la Fête-Dieu, avaient toujours été l'honneur et le légitime orgueil de la vieille cité catholique, et les populations nantaises n'avaient cessé de protester contre l'acte sectaire qui les avaient privées d'une tradition si chère. Deux mois ne s'étaient pas écoulés depuis son élection, que M. Catta, de concert avec l'un de ses collègues, l'honorable M. Vivier, écrivait au maire de Nantes une lettre où il lui demandait quelles étaient ses intentions. Il lui faisait remarquer que la situation n'était plus la même qu'en 1881. Depuis cette époque, en effet, l'administration municipale avait été changée, le conseil renouvelé en grande partie, des événements considérables s'étaient accomplis et ceux qui avaient servi de motif ou de prétexte à l'interdiction étaient déjà reculés. M. Catta ajoutait :

« Appelé, le 16 avril dernier, par les électeurs du 2e canton à les représenter au sein du conseil municipal, je ne puis ignorer que l'un de leurs premiers vœux est de voir disparaître l'obstacle élevé contre les pacifiques manifestations de leur foi religieuse. Ce vœu est aussi, je crois pouvoir l'affirmer, celui de la presque universalité de la population qui ne comprendrait pas qu'on entravât plus longtemps des solennités répondant si bien à ses sentiments les plus intimes.

« Je remplis un devoir, M. le Maire, en venant vous demander si votre intention est de maintenir l'interdiction prononcée.

Je me refuse à croire qu'elle puisse être telle... »

Et M. Catta terminait en démontrant que les principes de liberté dont s'était toujours prévalu M. Colombel devaient suffire à défendre la cause des processions.

Ce dernier répondit par la lettre suivante :

Nantes, le 30 mai 1882.

Mon cher collègue,

Ainsi que je vous l'avais déclaré, j'ai communiqué votre lettre du 22 mai courant à mes collègues de l'administration municipale.

J'ai l'honneur de vous faire connaître que nous croyons devoir maintenir l'arrêté de mon prédécesseur en date du 11 mai 1881, qui a interdit la sortie des processions dans toute l'étendue de la commune de Nantes.

Veuillez agréez, etc,

Le Maire,

G. Colombel.

Dans un article du 3 juin 1882, le journal *L'Espérance du Peuple* pouvait à bon droit manifester un certain étonnement au sujet de la rédaction de cette réponse.

« ... Pourquoi huit jours de réflexion ?

« Pourquoi consulter les adjoints et se solidariser avec eux ?

« Pourquoi ne pas faire connaître les motifs de l'interdiction ?...

« ... Pourquoi avoir l'air d'attribuer aux adjoints une
mesure qui est et doit rester l'œuvre du maire ?... »

Un article du journal *Le Progrès* (1) expliquait
tout. M. Colombel et ses adjoints auraient, à l'entendre, demandé à certains chefs du parti républicain
de ne pas s'opposer à la sortie des processions. Ces
messieurs avaient refusé et les processions restaient
interdites de par la volonté de tels libres-penseurs
influents qui faisaient ainsi jouer aux membres de
l'administration municipale le rôle ridicule « d'homme de paille », d'exécuteurs de leurs volontés.

L'Espérance du Peuple ajoutait :

« M. Colombel a laissé échapper une bonne occasion
de prouver qu'il est réellement le partisan résolu de la
liberté, comme le lui écrivaient M. Catta et M. Vivier.
Il avait la partie belle. L'administration que la sienne
a remplacée s'était placée sur le terrain de l'interdiction. Elle avait prohibé les processions pour complaire,
a-t-on dit, aux loges et aux comités révolutionnaires.
Logiquement, elle devait interdire le défilé du 14 Juillet. Elle est tombée. Du moins elle pouvait invoquer
la logique.

« M. Colombel avait le choix entre la liberté pour
tous ou l'interdiction pour tous. Il a fait mieux : pro-
moteur du fameux défilé, il vient de présider à celui
des fanfares, musiques, orphéons, etc., venus de partout, et le lendemain il interdit les processions récla-
mées par toute la population nantaise !

(1) Organe républicain.

« Il est difficile de faire preuve d'un arbitraire mieux caractérisé ! Sans logique, M. Colombel tombera à son tour, mais il tombera... »

Ces prédictions devaient se réaliser.

Deux ans après, en 1884, la campagne reprenait plus vive et, quoique cette fois encore le succès ne vînt pas couronner les efforts des catholiques, du moins ils réussissaient à entamer la majorité républicaine ennemie de la liberté religieuse. Onze conservateurs furent élus au conseil municipal. Des pétitions pour le rétablissement des processions circulèrent et furent en peu de temps couvertes de 25.000 signatures. Le 10 juin, la séance du conseil municipal où M. Colombel donna acte du dépôt de ces pétitions fut toute remplie par une discussion très vive à laquelle prirent surtout part, du côté de la droite, MM. Linyer, Giraudeau, Le Romain et Catta. Un ordre du jour ayant été proposé, qui approuvait la municipalité de persister dans l'interdiction, M. Catta en présenta un de sens contraire et demanda à l'appuyer. Ses paroles furent un véritable réquisitoire contre ce maire qui s'obstinait à braver l'opinion de tous et manquait aux principes mêmes du libéralisme qu'il avait affiché.

Il parla avec une ironie mordante, que le journal *Le Progrès*, dont nous avons déjà pu apprécier l'esprit, ne lui pardonna pas. Dans l'article où il rendait compte de cette séance, ce journal essaya de tourner en ridicule et « ce persiflage ironique, » et celui qui s'en était rendu coupable. Mais il faut penser que les coups dont on se défendait ainsi avaient porté, car ce même article commençait par ces mots :

« Nous ne savons si les comités étaient représentés hier, dans le public qui assistait à la séance du Conseil municipal. Mais s'ils ont envoyé quelques délégués pour voir leurs élus à l'œuvre, ces délégués ont dû sortir de la séance profondément humiliés. Quant à nous, nous ne pouvions, à l'issue de cette réunion, exprimer d'autre sentiment que celui qui éclatait autour de nous : jamais séance du Conseil municipal n'a présenté spectacle plus écœurant : celui d'une majorité incapable de se défendre, incapable de justifier ses actes, n'ayant d'autre ressource que le vote, et le vote muet ».

Néanmoins, ce jour-là la bataille n'était pas encore gagnée.

Elle le fut quatre ans plus tard. En 1888, l'opposition conservatrice emportait au conseil municipal vingt-quatre sièges sur trente-six et M. Guibourd de Luzinais, que déjà nous avons rencontré comme président du tribunal civil et que le gouvernement avait révoqué en 1883, était élu maire de Nantes.

Son premier soin fut de rétablir les processions.

La *mairie blanche*, telle fut l'appellation que donnèrent les opposants à cette administration conservatrice. Aucune ne la surpassa dans la bonne gestion des affaires municipales. Celui qu'elle eut à sa tête a laissé à Nantes un souvenir trop marqué pour que nous ne citions pas ici les termes par lesquels son biographe a rendu justice à son œuvre

« Certes, écrit M. Louis Delzons, après quatre années de luttes journalières, après la vive bataille des élections, une telle victoire (celle des conservateurs au Conseil municipal) avait son prix et M. Guibourd, consacré premier citoyen de sa ville, en recueillait le plus grand honneur. Mais tout aussitôt il en devait éprouver toute la peine... Un maire d'opposition et un préfet ont, en face l'un de l'autre, des situations nettes ; le rôle du préfet est des plus simples ; notre extraordinaire législation lui donne le pouvoir de tout empêcher : il en use jusqu'aux plus surprenantes extrémités. Quant au maire, entre ses électeurs qui exigent tout et le préfet qui empêche tout, il est étouffé, étranglé, et c'est bien pourquoi la décentralisation dont on parle tant restera longtemps sujet de théories et de discours. Appelé à administrer cette grande ville commerçante, industrielle, de Nantes, M. Guibourg de Luzinais comprit quelle lutte nouvelle, autrement dure que la campagne électorale, il lui faudrait soutenir contre la toute puissante préfecture. Il était heureusement mieux armé que tout autre, armé de la force morale que lui donnaient son passé, tant de services rendus et la clairvoyance d'un esprit habile à choisir, pour s'engager à fond, les mesures d'une si évidente utilité que, s'il succombait, c'était l'intérêt de la ville elle-même qui succombait avec lui. Ainsi inspirée et conduite, son œuvre, celle de ses collaborateurs, fut considérable et bienfaisante : sans augmenter les charges de la ville, il sut non seulement pourvoir aux besoins d'une administration importante et compliquée, mais aussi entreprendre, exécuter, payer de grands travaux de voirie municipale, restaurer des monuments comme l'hôtel de la Bourse, il prépara aussi l'œuvre d'assainissement qui fut plus tard en partie réalisée... »

A ces soucis, dit aussi l'auteur de cette notice,

M. Guibourg dut ajouter ceux que lui causèrent parfois ses amis. Les discussions, l'opposition même que lui suscitèrent en quelques circonstances des membres de la majorité conservatrice, ne sont qu'une preuve de la sincérité et de la loyauté qui régnaient entre eux et suffisent à démontrer qu'ils faisaient passer avant toute question de parti l'intérêt qu'ils estimaient être celui de la ville.

D'ailleurs les travaux importants laissés par cette mairie sont bien les résultats d'une communauté de but et d'efforts indispensable à toute grande œuvre. De cette œuvre il n'est que juste de dire que M. Catta fut l'un des plus dévoués et des plus utiles collaborateurs.

Il s'était fait dans les questions financières une compétence toute particulière. De 1888 à 1892, il fit partie de la commission spéciale du budget et ce fut à lui que revint la charge d'en établir les rapports pour chacune de ces quatre années.

A eux seuls ces rapports disent quel fut le travail de M. Catta au sein de cette importante commission. Ils restent aussi comme le plus juste et le plus invincible témoignage qui puisse être rendu à l'administration de la mairie Guibourg.

Quelle était la situation financière de la ville en 1888 ? On peut répondre, sans crainte d'exagération, qu'elle était dangereusement engagée. Une imprévoyance blâmable avait été cause que pour certains travaux les dépenses avaient trop largement dépassé (parfois du triple) les prévisions et les devis établis à la légère. A propos des Expositions 1886-

1887 notamment, un déficit prévu pour 40.000 francs était monté à 126.000 francs. L'administration avait ordonné des dépenses considérables sans s'y faire autoriser par le conseil, supprimant ainsi le contrôle effectif, raison d'être de ce dernier. Toutes ces dépenses avaient absorbé les recettes disponibles, de telle sorte que des travaux d'une utilité incontestablement plus grande n'avaient pu être entrepris.

« Quand les dépenses ont pour objet des travaux d'un caractère permanent, disait en février 1889 M. Catta au conseil municipal (1), leur opportunité et leur étendue peuvent être plus ou moins critiquées ; mais on ne peut méconnaître que, suivant le point de vue auquel on se place, dans notre époque si tourmentée et dans un pays où les opinions sont si diverses, ces dépenses sont faites en vue d'une véritable utilité !... Il en est autrement des dépenses accidentelles. S'il est du devoir strict d'une grande ville de pourvoir largement à celles qui s'imposent, comme dans un cas de calamité publique, par exemple, nous estimons que ses mandataires outrepassent leurs droits lorsque, pour satisfaire aux engouements du moment, ils emploient trop facilement les deniers publics dans des fêtes, des réceptions ou autres faits de même nature. En pareille matière, les municipalités ne doivent en disposer qu'avec une grande discrétion, sinon elles se livrent à de véritables prodigalités dont les conséquences, c'est-à-dire les aggravations de charges et les emprunts, se font sentir aux auteurs de la dépense et plus longuement encore à ceux qui viennent après eux.

... La situation qui nous a été léguée par nos prédécesseurs est considérablement engagée. Comment le

____

(1) Rapport sur la situation financière de la ville, 2 février 1898.

qualifier autrement, alors que la dette s'élevait, toutes déductions faites, à plus de dix-sept millions, auxquels s'ajoutaient les travaux ou les acquisitions nécessaires dont nous avons donné l'indication et qui doivent, très vraisemblablement, dépasser un million et demi ? Les travaux qui devaient être exécutés ont nécessité et nécessiteront de nouveaux emprunts, qui porteront notre dette à près de dix-neuf millions... »

Sans doute, il ne fallait pas « se renfermer dans une étroite parcimonie, peu louable chez des particuliers, incompréhensible et funeste chez les mandataires d'une grande ville », mais des réformes, des économies s'imposaient. La « *mairie blanche* » n'hésita pas à entrer dans cette voie qui pourtant ne fut jamais celle de la popularité. Elle savait, comme le lui disait encore M. Catta le 17 décembre 1888 (1) : « qu'en suivant cette ligne de conduite elle rencontrerait sans doute des difficultés ; que ses actes seraient mal compris, dénaturés ou blâmés... » Mais elle eut « la conscience d'avoir travaillé pour le bien et pour la prospérité de la grande cité ».

En quatre ans, l'administration conservatrice put amortir la dette de celle qui l'avait précédée, jusqu'à concurrence de plus de trois millions. Un seul emprunt (de 298.000 francs) dut être contracté pour l'équilibre du budget. Aucune dette n'eut pour cause une dépense purement somptuaire. Par ailleurs les recettes, notamment celles de l'octroi, étaient amenées à un meilleur rendement. M. Catta pouvait donc

(1) Rapport présenté au nom de la Commission du budget 1888.

très justement terminer le rapport sur le projet de budget supplémentaire qu'il présenta pour 1891, en disant : « Vos successeurs trouveront une situation parfaitement nette et un budget en équilibre à la fois réel et stable » (1).

Il faut ajouter que de longtemps on n'avait vu une aussi importante série de travaux d'utilité publique, accomplis par une mairie à laquelle on ne manqua pas de reprocher son économie. Dans le dernier rapport qu'il eut à présenter sous l'administration de M. Guibourg, M. Catta énumère ces travaux :

« 1° Rectification, élargissement et prolongement de la rue Moquechien (actuellement rue Jeanne d'Arc) ;

2° Lavoir public de la rue Noire ;

3° Prolongement de la rue Desaix ;

4° Place de l'église Saint-Donatien et abords ;

5° Voie de dix mètres pour chemin de halage, prairie de Mauves ;

6° Rectification et élargissement de la rue de Gorges ;

7° Prolongement de la rue de l'Héronnière ;

8° Subside à l'Etat en vue de la construction de quais et estacades ;

9° Mise à l'alignement de la place Lamoricière et abords ;

10° Cession de la rue Mondésir et autres ;

11° Prolongement de l'avenue Chanzy ;

12° Agrandissement de la place Saint-Similien ».

« ... En résumé, disait le rapporteur en terminant, nous avons rempli tous les engagements contractés par nos prédécesseurs.

(1) Projet de budget supplémentaire pour 1891. Rapport présenté au nom de la Commission spéciale du budget.

« Nous avons créé des ressources pour tous ceux dont ils nous avaient légué la charge — elle était lourde — et pour lesquels ils n'avaient pas eu le temps d'en assurer eux-mêmes.

« Nous avons doté tous les travaux que nous avons votés, et gagé de façon satisfaisante, croyons-nous, tous les emprunts contractés.

« ... Nous ne laisserons à nos successeurs aucune charge à laquelle nous n'ayons nous-mêmes pourvu. Ils n'auront pas, comme nous, à recourir à l'emprunt pour entreprendre les travaux décidés par leurs prédécesseurs et lorsqu'ils devront en contracter pour ceux qu'ils voteront, pour la reconstruction du musée, par exemple, ils auront, pour les gager, les deux centimes qui deviendront disponibles en 1893 et ceux qui le seront peu de temps après.

« Enfin nos prévisions de recettes, réduites autant que possible, sont telles... qu'ils n'auront pas à redouter les mécomptes qui ont surgi pour nous dès nos premiers pas.

« Tel est notre bilan, Messieurs ; nous ne chercherons point à en tirer vanité ; mais tel qu'il est, nous pouvons le présenter à nos concitoyens, avec la conscience d'avoir fait de notre mieux pour répondre à la confiance dont ils nous avaient honorés et pour travailler à la prospérité d'une ville qui nous est si chère ».

Ces résultats, que tout esprit de bonne foi pouvait apercevoir, ne furent sans doute pas du goût de la majorité des électeurs, puisqu'en 1898 cette majorité ne se retrouva plus en faveur de l'administration conservatrice. M. Riom succéda à M. Guibourg. Les événements ont montré si le suffrage universel ne commit pas ce jour-là l'une de ces erreurs dont il est coutumier et auxquelles même il semble que, par essence, il lui soit difficile d'échapper. Économies, travaux utiles, bonne administration... qu'est-ce que cela pour la foule ? La République ne doit-elle pas être le gouvernement de l'abondance et du progrès ? La notion de la prévoyance lui est étrangère, comme celle de la responsabilité. Elle ne voit que les satisfactions immédiates et dépense plus en une fête ou une réception ministérielle que l'Ancien Régime avec ses légendaires abus.

M. Catta, ainsi que M. Guibourg et beaucoup des conservateurs de l'administration dont on ne voulait plus, resta au conseil municipal. Il continua d'y rendre les mêmes services, s'obstinant à répéter les mêmes avis d'ordre, de prévoyance et d'économie.

Que de fois, au soir d'une journée déjà toute remplie par les occupations de son cabinet d'avocat ou par les multiples affaires que son activité avait embrassées, il prolongea ses veilles, courbé sur les colonnes de chiffres qui s'alignaient sous sa plume ! Aucune erreur, aucune inexactitude ne lui échappait. Les administrations qui se succédèrent et qui partagèrent toutes la même imprévoyance redoutaient ses interpellations sévères. Elles durent pourtant en bien des cas recourir à lui, tant elles avaient confiance en ce travailleur consciencieux qui avait acquis de la situation financière de la Ville une si parfaite connaissance.

Les électeurs du 2° canton de Nantes gardèrent à M. Catta une estime et une affection que suffiraient à expliquer les services qu'il leur rendit au sein du Conseil municipal. Mais il y avait plus, et c'est surtout par sa bonté, par sa simplicité d'abords comme aussi par la sincérité avec laquelle il leur parlait qu'il sut gagner l'affection des plus humbles. On ne le vit jamais chercher une vaine popularité ; on ne trouverait pas dans ses discours une phrase destinée à flatter les ambitions ou les instincts, ni à dissimuler la vérité. Il n'était pas de cette école qui prétend convertir le peuple en commençant par adopter et émettre devant lui des théories qui lui plaisent, quoique fausses et subversives. Lorsqu'il se présenta pour la première fois, en 1882, devant les électeurs du 2ᵉ canton, il leur dit :

« .... Nos adversaires se vantent d'être les seuls à aimer les classes laborieuses, à vouloir l'amélioration de leur situation. Ils s'efforcent, par calcul et par intérêt, de nous présenter à elles comme des ennemis ; rien n'est plus contraire à la vérité. Nous aimons l'ouvrier et volontiers nous mettons notre main dans sa main, lorsque cette main est honnête et loyale. Mais nous sommes incapables de le tromper, de lui faire des promesses d'une réalisation impossible. L'obligation du travail est une loi de l'humanité ; l'inégalité non des droits, mais des conditions, en est une autre. C'est par le travail, par la bonne conduite, par l'économie, que l'on peut améliorer la situation dans laquelle on se trouve : prétendre le contraire est une utopie, le promettre est un mensonge... »

Langage que n'ont malheureusement pas souvent tenu les candidats devant leurs électeurs ! Que nous sommes loin des flatteries prodiguées à la démocratie même par ceux qui prétendent rester d'accord avec la doctrine catholique ! Mais comment cette franchise n'eût-elle pas réussi quand elle était suivie de ces belles paroles :

« N'est-il pas vrai, d'ailleurs, si l'on va au fond des choses, que tous nous sommes des ouvriers ? Seulement les uns travaillent de leurs mains, les autres avec leur intelligence ou leur génie, si bien que le plus bel éloge qu'on puisse faire d'un homme exerçant une profession libérale est de dire : il est laborieux. Oui, tout le monde est soumis à la loi du travail ; mais chacun travaille à sa manière et tous en travaillant sont en quelque sorte créateurs à l'image de Dieu ; ils le sont de ce qu'ils produisent ; ils développent ainsi les forces vives du pays et concourent, chacun pour sa part et dans sa sphère, à la marche, à l'harmonie de cette chose si merveilleuse en soi qui s'appelle la société humaine. Honneur à tous !... »

Que de fois nous avons entendu reprocher à ce parti conservateur, dont le comte Catta fut l'un des plus fermes soutiens et à la dénomination duquel il tenait, — de n'avoir rien fait pour le peuple ! Il serait plus exact de dire qu'il ne chercha jamais à le flatter et qu'il n'en fut pas comme tant d'autres, l'inconscient démoralisateur. Quant à s'occuper de ses intérêts, il le fit et avec désintéressement. On en peut juger par le dévouement qu'il consacra à une œuvre de Nantes, particulièrement sociale, et dont il accepta de joindre le fardeau à celui de plus en plus lourd des affaires qui l'accablaient déjà, nous voulons parler de la Société de Secours Mutuels « *la Bienfaisance* ».

Cette société, l'une des plus importantes de

Nantes, avait été fondée le 15 août 1841 sur l'initia-
tive du Frère Vacas, de l'institut des Frères des
Ecoles chrétiennes et de M. Frémanger qui a laissé
dans le commerce de cette ville un nom des plus
honorables. Elle eut successivement pour présidents
MM. Baranger père, Frémanger, Tronson (bâtonnier
de l'ordre des avocats), H. Baron (magistrat démissionnaire en 1830), Billot et Reneaume. Après 12 ans
de présidence, ce dernier (1) se retira en 1886, laissant l'honneur de cette charge à M. le Comte Catta,
qui la conserva jusqu'à sa mort.

C'est dire que, pendant 17 ans, les membres de la
société « *la Bienfaisance* » purent apprécier avec
quelle conscience leur président avait accepté ce
poste et quelle bonté constante il y apporta. Comme
ses prédécesseurs, M. Catta avait vu dans sa charge
une sérieuse mission de charité. Loin de reculer
devant l'accroissement d'obligations que lui apportait cette œuvre, ce fut toujours avec le même empressement, la même exactitude et, nous le savons,
la même joie qu'il se rendit aux réunions et qu'il
s'occupa de l'administration et du perfectionnement
de cette société. On lui dut l'organisation des secours
pour la vieillesse et l'entente avec l'Union générale
des Sociétés de Secours mutuels.

Quand il paraissait au milieu des associés, les
visages rayonnaient, toutes les mains se tendaient
vers la sienne et une expression générale de joie

---

(1) Dont le fils est aujourd'hui à son tour président de la *Bienfaisance.*

répondait au fin et bon sourire qui éclairait alors sa physionomie.

En 1891, *la Bienfaisance* célébra le cinquantenaire de sa fondation. A cette occasion, se tint chez M. le chanoine Peigné, au local de l'Œuvre de Notre-Dame de Toutes-Joies, sous la présidence de Mgr Le Coq, une assemblée générale à laquelle M. Catta prononça un discours très remarqué.

C'était peu après la publication de l'encyclique de Léon XIII sur la condition des ouvriers. Le moment était donc bien choisi pour mettre en lumière les principes de charité nécessaires, plus qu'à tout autre, à notre société individualiste, désorganisée par la Révolution.

Ce discours est un résumé des principes de la vraie doctrine sociale, sérieuse et saine, la seule opposable aux excès du socialisme et du libéralisme.

En traits sobres, mais vivants, M. Catta exposa en quel abandon funeste la Révolution avait plongé les ouvriers.

« Il y a cent ans, presque à pareil jour, l'Assemblée constituante, poursuivant la série des destructions qu'elle croyait nécessaires, décrétait l'abolition des corporations des arts et métiers, faisant ainsi table rase de ces institutions séculaires qui s'étaient peu à peu développées sous la double égide de la Religion et de la Royauté. Elle se proposait d'affranchir l'ouvrier de toute entrave, de lui assurer la liberté du travail, le complet épanouissement de ses forces physiques et intellectuelles.

« L'Assemblée constituante s'est trompée.

« Sans doute, les anciennes corporations, jurandes

et maîtrises, présentaient, à la fin du siècle dernier, une organisation devenue défectueuse par suite du cours du temps ; une réforme était nécessaire... Fallait-il pour cela les supprimer ? Si la maison qui avait vu s'élever tant de générations, dans l'ordre, dans la paix et dans la prospérité, était désormais incommode ou trop étroite, fallait-il la démolir de fond en comble sans même chercher à la remplacer par un nouvel abri ?

« C'est là pourtant ce que fit l'Assemblée constituante... Le résultat de cette destruction ajoutée à tant d'autres fut que l'ouvrier se trouva désormais libre, mais seul, — seul devant le malheur, la maladie, le chômage, la vieillesse, — seul dans cette lutte qui se montre de jour en jour plus âpre,.. lutte entre les ouvriers que les besoins de la vie poussent irrésistiblement à chercher du travail et à se le procurer, même à des prix inférieurs et au détriment d'autres camarades; lutte entre le patron et l'ouvrier, l'un imposant à l'autre ses conditions, suivant les fluctuations du temps et d'après les terribles conséquences de la loi de l'offre et de la demande; lutte entre les divers corps de métiers ; lutte entre les producteurs d'un même pays ou de pays différents, devenue d'autant plus ardente et impitoyable que les découvertes de la science, les progrès de l'industrie et le développement prodigieux des machines ont rendu la concurrence plus effrénée et plus redoutable...

« Dans ce conflit, le sort des ouvriers ne pouvait être que la généralisation d'une misère à laquelle ils essayèrent d'échapper ou par la grève, triste remède qui ne profite, d'ordinaire, qu'à des fauteurs de désordre et qui, après un succès éphémère, ne fait qu'aggraver leurs chaînes ; ou par des mouvements dans la rue, où seuls ils reçoivent les coups tandis que les flatteurs, dont ils ont imprudemment suivi l'impulsion, cherchent à y récolter pouvoir et fortune... »

L'un des inconvénients les plus immédiats de l'isolement fut pour les ouvriers la privation des secours qu'ils pouvaient obtenir, en cas de maladie, de chômage ou de vieillesse, soit de leur corporation, soit de leur patron. C'est à cet inconvénient qu'ont voulu remédier les sociétés de Secours mutuels. Et ici le président de *la Bienfaisance* fait l'historique de cette société dans laquelle se rencontrèrent, près des humbles et des inconnus, les noms les plus honorables de la cité. En traits précis, M. Catta expose sur quelles bases sérieuses fut organisée cette œuvre qui fut celle d'hommes « doués d'un cœur généreux, mais aussi d'une raison saine et droite, rompus aux affaires, remplis d'expérience et ennemis des utopies ».

Il rend compte des résultats, des services réels rendus par la Société, des avantages de plus en plus importants qu'elle put successivement promettre et fournir à ses adhérents. Il termine en montrant comment cette œuvre, par l'association des membres honoraires ou bienfaiteurs avec les membres actionnaires, répond au principe de fraternité chrétienne qui régissait jadis les rapports entre les différentes classes sociales :

« La fraternité chrétienne... c'est là l'idée mère qui a inspiré les fondateurs de notre société. Il faut qu'elle nous guide sans cesse ; je dis nous, car je ne fais ici aucune distinction entre le membre participant et le membre honoraire. Mais, dans une association qui s'est placée à l'ombre de la croix, nous ne devons pas oublier qu'elle s'éleva pour tous indistinctement sur le Calvaire, et qu'elle enseigne le dévouement jusqu'à l'immolation de soi-même. Notre société ne réclame de nous aucune immolation ; mais elle nous recommande l'amour et l'assistance réciproque : Aimez-vous ! Aidez-vous ! »

Aux membres sociétaires l'orateur demande de ne pas se contenter de voir dans leurs co-associés « des personnes admises à verser de l'argent dans la caisse commune », mais surtout « des amis, des frères qui ont droit à votre affection et qui vous doivent la leur... »

Aux membres honoraires il demande « non seulement d'ouvrir leurs bourses, mais d'utiliser tous les moyens que les statuts mettent à leur portée pour pratiquer à l'égard des ouvriers une vraie charité.

« Venez assidûment aux réunions de notre conseil d'administration, si vous en faites partie ; venez à nos assemblées trimestrielles vous asseoir à côté de ces ouvriers, auxquels vous auriez horreur de faire des promesses fallacieuses, mais que vous aimez et estimez ; serrez leurs mains dans vos mains ; vous verrez comme leurs mains loyales sauront comprendre le serrement des vôtres ».

Il leur demande encore de s'inscrire sur la liste des visiteurs des malades.

Et c'est sur la belle devise de la « *Bienfaisance* » vraie formule de paix sociale, bien faite pour résumer ces conseils si élevés, que se termine ce beau discours « *Aimons-nous ! Aidons-nous !* »

Après toutes ces preuves de dévouement à leur œuvre, on comprend que les membres de la Société la *Bienfaisance* aient gardé à M. le comte Catta une reconnaissance dont nous aurons plus tard à recueillir un témoignage suprême, mais qui sut plus d'une fois s'exprimer d'une façon touchante. C'est ainsi qu'en 1899, au cours d'une grave maladie, il reçut l'adresse suivante :

A Monsieur le Président de la Société de Secours Mutuels « *La Bienfaisance* ».

La réunion du conseil de la Société de Secours Mutuels « *La Bienfaisance* », dans sa séance du 12 juin dernier, vient témoigner à M. le comte Catta, son Président, l'expression de son affection en prenant un vif intérêt à l'état de sa santé ; elle fait des vœux pour son prompt rétablissement et prie Monsieur le Président d'agréer l'hommage de son dévouement respectueux.

En séance du 12 juin 1899.

Le Conseil :

A. Chevallier, J. Bartra, (illisible), Chauveau, B. Hervé, Choinet, Moinet, Gautier, F. Brochard, J. Mercier, Fr. Clément.

Témoignage qu'il faut joindre, en sa simplicité, à tous ceux dont fut honorée la vie du comte Catta, et qui, à coup sûr, fut de ceux qui le touchèrent le plus !

VIII

HAUTE CONCEPTION DU RÔLE DE L'AVOCAT. — L'ASSASSIN
DAVID : SA DÉFENSE, SA CONVERSION. — PROCÈS DE
LA LIGUE PATRIOTIQUE-ANTISÉMITE DE NANTES.

Les événements extérieurs de la vie de M. Catta
tiendraient en peu de lignes. A eux seuls ils n'auraient
peut-être pas valu d'être racontés. Mais avec quelle
émotion et quel sentiment d'admiration n'avons-nous
pas assisté aux luttes intérieures, aux victoires et à
l'ascension continuelle de cette âme vers Dieu. C'est
le côté moral et intime qui donne sa valeur à une
existence dont la seule grandeur fut dans le travail,
le dévouement et le devoir.

Nous ne pouvons donc songer à raconter en détail
toutes ses œuvres, inspirées par le même désir du
bien, dirigées toutes vers Dieu comme fin suprême;
le récit en serait monotone, et c'est le plus bel
éloge qu'on puisse faire à la mémoire du Comte
Catta.

Les quelques faits que nous avons pu citer, les
rares discours que nous avons pu retrouver et ana-

lyser suffiraient à donner de cette existence la haute idée qu'il faut en garder. Pourtant, dans cette modeste esquisse, la figure de l'avocat n'est-elle pas encore apparue dans toute son originalité.

Nous avons assisté aux débuts de M. Catta au barreau de Bastia, puis surtout à celui de Nantes lors des procès des RR. PP. Capucins et de leurs amis. Les plaidoiries qu'il prononça alors restent parmi les plus importantes de sa carrière ; elles en marquent bien l'un des aspects. Que de fois cette lutte fut reprise contre l'arbitraire et la tyrannie de l'administration ; que de fois, au profit de la même cause, pour les religieux ou les prêtres persécutés, M. Catta mena les mêmes combats avec la même vigueur, la même habileté et le même désintéressement !

Un autre côté de cette carrière d'avocat, et non le moins intéressant, nous échappe à peu près complètement : c'est celui des affaires civiles. Comment retrouver ces procès, magistralement menés, ces plaidoiries éloquentes qui faisaient dire à un confrère, dont l'opinion a d'autant plus de valeur qu'elle est celle d'un adversaire politique : « quand nous allons entendre Catta, nous allons à une leçon de droit. » Mais ici, ce n'est pas seulement d'habileté, de science, de talent même qu'il faut parler, mais plutôt d'honnêteté professionnelle. M. Catta a plus arrangé de procès qu'il n'en a plaidé ; avant d'être homme d'affaires, il fut homme de bien.

En matière criminelle, il y a quelques grandes affaires que nous tenons à citer parce qu'elles indiquent, mieux que toutes autres, quelle haute idée

M. Catta se faisait de la profession du barreau. Nous
en choisirons une particulièrement dramatique. L'a-
vocat en fut lui-même si profondément remué qu'il
voulut en garder le souvenir dans des notes qui
vont nous permettre de la reconstituer.

« Cette affaire, écrit-il, démontre combien vite et
combien bas peut descendre une créature humaine
privée de la connaissance de Dieu. Elle démontre aussi
avec quelle énergie elle peut se relever, lorsque par
suite de circonstances particulières elle vient à le connaître, et quels effets prodigieux de repentir, de résignation, de confiance et de force peut produire en elle
la grâce miséricordieuse d'un Dieu retrouvé ».

Dans la nuit du 2 au 3 mars 1891, un crime atroce
avait été commis aux environs de Saint-Nazaire, au
lieu dit la *Tour de Commerce*. Des malfaiteurs s'é-
taient introduits dans la maison d'une femme qui,
vivant seule habituellement, avait la réputation de
posséder un peu d'argent, l'avaient surprise dans
son sommeil, ainsi que sa sœur venue passer un jour
avec elle, avaient assailli le lit où elles étaient toutes
deux couchées et les avaient frappées de nombreux
coups de couteau. Les femmes mortes, ils les avaient
jetées au bas du lit, avaient tout bouleversé, ouvert
les tiroirs, fracturé les meubles, fouillé partout pour
emporter l'argent qu'ils étaient venus voler et leur
crime avait été accompagné des circonstances les
plus odieuses.

Avant cette date et depuis, de nombreux vols
avaient été commis, avec une audace extraordinaire,
soit à Saint-Nazaire même, soit dans les communes

voisines. Les populations étaient terrorisées. Les malfaiteurs, car il était manifeste qu'ils formaient une bande, étaient d'autant plus redoutés qu'ils paraissaient insaisissables. Ils furent néanmoins découverts et arrêtés pour la plupart.

Le 18 décembre 1891, dix d'entre eux comparaissaient devant la Cour d'Assises de la Loire-Inférieure, présidée par M. Baudoin, conseiller à la Cour d'appel de Rennes. Parmi eux figuraient deux femmes et trois jeunes hommes, presque des enfants.

Les coupables des assassinats de la *Tour du Commerce* étaient les nommés : David, Emile-Louis, âgé de 21 ans, et Cabel, Victor-César, âgé de 17 ans. Ils avaient commis le crime avec l'aide et l'assistance d'un nommé Forget, homme particulièrement redoutable, professeur d'anarchisme, discoureur de clubs et fauteur de grèves, qui avait préparé et conçu l'expédition, fourni les armes, fait le guet et qui avait réussi à se soustraire aux poursuites de la justice.

Par devoir professionnel, sur la demande du bâtonnier, M° Catta accepta de se charger de la défense de David.

Pendant les six jours que durèrent les débats, l'opinion publique fut extraordinairement surexcitée par le récits de faits où la perversité et l'audace le disputaient à l'ignoble et au cynisme. Ces précoces malfaiteurs racontaient eux-mêmes que leurs lectures favorites étaient les exploits de Rocambole, de Cartouche ou de Mandrin, que leur ambition était de dépasser les grands criminels de nos jours. La guillotine ne les effrayait point. Ils plaisantaient à ce sujet, et David avait dit : « Si un prêtre s'avise de m'accompagner sur l'échafaud, je lui donnerai un coup de tête dans la poitrine et l'enverrai rouler à dix pas. » Leur attitude à l'audience fut cynique.

M. Broussard, procureur de la République, demanda une condamnation impitoyable contre David et Cabel, surtout contre David, plus âgé et le principal auteur du double assassinat. Nous trouvons dans les notes de M. Catta un écho de ce terrible réquisitoire.

« Pas de pitié pour les assassins, sous prétexte qu'ils sont jeunes... mais pitié pour les victimes. Au surplus le crime semble de nos jours devenir le propre de la jeunesse ; nous vivons dans un temps où les criminels les plus audacieux, les plus sanguinaires, les plus redoutables, sont de tout jeunes gens. Il faut que la justice se montre impitoyable contre cette impitoyable jeunesse... Il faut le terrible enseignement de l'échafaud... »

C'est au milieu de la profonde émotion causée par ce réquisitoire que se leva Mᵉ Catta. Jamais sans doute le devoir professionnel ne lui parut plus difficile à remplir. Il ne chercha pas à atténuer l'horreur du crime, mais s'attacha à faire connaître ce qu'avait été le passé de David et à démontrer les véritables responsabilités. Voici ce que fut en substance cette superbe plaidoirie :

« David est né à Brest, le 18 octobre 1870. A cette époque ses parents s'enfuyaient à Jersey, puis à Guernesey, à la suite de plusieurs condamnations graves prononcées contre sa mère pour ivresse et pour vol. A douze ans il arrivait avec eux à Saint-Nazaire. Il a bien reçu une certaine instruction élémentaire ; mais il n'a point fait sa première communion, il n'a suivi aucun catéchisme... Dans sa famille, il n'a eu que de mauvais exemples sous les yeux... Lui-même, à peine sorti de l'enfance, n'a eu d'autres fréquentations que les pires de la rue. On lui a bientôt appris le vol et le vol l'a conduit à l'assassinat.

« Comment s'étonner qu'il soit tombé si vite et si bas !...

« Nous, qui avons la légitime prétention d'être d'honnêtes gens, nous ne pouvons comprendre qu'il y ait des assassins. Le seul récit d'un assassinat nous fait frémir. Pourquoi ? C'est que, lorsque nous venons au monde, nous avons un père qui nous montre le droit chemin, une mère qui en nous donnant le lait de son sein, nous apprend à balbutier le nom de Dieu, à connaître ses commandements... Et ces enseignements sont ensuite développés par des maîtres choisis... Il nous est facile d'être honnêtes, en cheminant, pour ainsi dire, entre les garde-fous placés tout le long de notre route... Mais qui donc a appris à ce jeune homme ce commandement de Dieu : *tu ne tueras point*, et cet autre : *tu ne voleras point* ? Personne ! aussi le malheureux a volé et tué.....

« Le ministère public s'étonne et s'effraie de la précocité des criminels de notre temps. Il a grandement raison, mais à qui la faute ?... La faute, les accusés eux-mêmes nous l'ont appris, elle est dans ces lectures malsaines de romans dans lesquels le vice et le crime s'étalent complaisamment à chaque page ; dans ces journaux qui tous les jours attaquent, raillent, bafouent tout ce qui est saint et respectable ; dans ces mille publications qui troublent, souillent et pervertissent les jeunes intelligences, les jeunes cœurs... elle est dans cet acharnement mis à extirper, à étouffer, à empêcher de naître dans l'enfant l'idée de Dieu, la pensée d'une vie future... Les jeunes gens arrivent ainsi à l'âge où les passions fermentent et aiguisent leurs aiguillons, où l'homme est si vivement poussé à rechercher les jouissances de la vie ; on leur enlève tout frein, on leur dit qu'il ne faut ni Dieu, ni Maître ; alors ils n'écoutent plus qu'eux-mêmes, c'est-à-dire leurs appétits, leurs passions et s'il faut, pour les assouvir, voler et tuer, ils volent et ils tuent.....

« On réclame au nom de la société, une expiation suprême... Mais avant de faire tomber cette tête de vingt ans, la société ne doit-elle pas se demander si elle a fait pour David tout ce qu'elle devait ! L'a-t-elle suffisamment protégé contre ses parents, contre les mauvaises compagnies, contre les mauvaises doctrines, contre lui-même ? Non !.. Aussi, ce n'est pas la peine capitale qu'il faut prononcer contre David ; c'est une peine qui, à raison de sa jeunesse, lui donne le temps d'une expiation suffisante, le temps d'apprendre que sur cette terre il est un Maître qui nous gouverne tous, la loi, et que, par delà cette vie, il est un Dieu qui nous attend tous avec sa miséricorde, ou avec son inflexible justice... »

Ces idées que nous retrouvons dans les notes de M. Catta furent, on peut le penser, développées avec l'éloquence à laquelle l'orateur s'élevait si facilement en de telles circonstances. Nous nous imaginons aisément, nous qui ne l'avons jamais entendu sans émotion, avec quelle voix vibrante, en quels termes pénétrants, avec quelle vigueur d'arguments, quelle implacable logique, il dut prononcer cette plaidoirie, l'une des plus belles qu'il fit jamais. Nous savons qu'au sortir de l'audience M. le conseiller

Baudouin, président des assises, lui dit : « Vous avez atteint aujourd'hui la véritable éloquence. » Nous savons aussi que, durant cette plaidoirie, le malheureux David resta longtemps, la tête cachée dans ses mains, pleurant abondamment.

Après une longue délibération, le jury revint dans la salle avec un verdict en vertu duquel la Cour condamna David à la peine de mort. Lorsqu'il eut prononcé cet arrêt : « David, dit le président, d'une voix grave et émue, la justice a prononcé ; maintenant tournez-vous vers Dieu, afin qu'il vous pardonne votre passé ! »

Il était sept heures du soir ; David fut ramené dans sa cellule.

Le lendemain matin, le vénérable aumônier de la prison, M. l'abbé Patron, alla le trouver. Il savait que le misérable auquel il venait tendre la main s'était vanté de ne jamais accepter le secours d'aucun prêtre.

« On a prétendu, lui dit-il en l'abordant, que vous ne voudriez pas voir de prêtre ; que même vous exerceriez des violences contre lui s'il s'en présentait un. Je viens à vous, néanmoins, et lorsque tout le monde vous abandonne, je viens vous dire, au nom de Jésus-Christ, que je me considère comme votre ami et votre frère. »

Quel changement subit s'était opéré dans l'âme du condamné ? Au lieu de repousser le prêtre : « Il y a loin des paroles aux actes, répondit-il. Je vous remercie de votre visite. » Et il accepta de lier conversation avec l'aumônier.

Comment ne pas voir là l'effet des paroles qu'il avait entendues la veille ? Son avocat et le président des assises étaient les premiers qui lui eussent parlé de Dieu. Jamais peut-être l'éloquente parole de M. Catta n'eut de plus beaux triomphes ; cette fois, elle avait conquis une âme.

En peu de temps, en effet, David devint, du misérable qu'il était, un chrétien régénéré, l'on est même tenté de dire : un saint.

« Le même jour que M. l'abbé Patron, raconte M. Catta, j'allai le voir. Je lui parlai d'un pourvoi en cassation, d'un recours en grâce. Mais aucune illusion n'était possible. Aussi je crus devoir lui rappeler les paroles du Président, l'engager à se tourner vers Dieu, vers Dieu qui sur le Calvaire avait pardonné à un grand, bien grand coupable et lui avait promis le Paradis. « Du reste, vous verrez sans doute M. l'Aumônier qui saura mieux que moi vous entretenir sur ce sujet.

« — Je l'ai vu ce matin.

« — Ah ! vous l'avez demandé ?

« — Non, c'est lui qui a désiré me voir.

« — Est-il resté longtemps auprès de vous ?

« — Non, mais il m'a dit qu'il reviendrait aussi souvent que je voudrais.

« — Eh bien ! s'il vous parle, comme c'est probable, « de Dieu, écoutez-le. Dieu peut, s'il le veut, incliner « sur vous la clémence des hommes. S'il ne le juge « pas à propos, il peut cependant vous faire miséri- « corde. »

« Mû par une commisération profonde pour ce jeune homme qu'une mort terrible attendait bientôt, je m'intéressai à lui, d'abord par devoir professionnel, et ensuite par ce que je crus découvrir en lui une nature franche, entraînable et entraînante, qui l'avait porté à accepter des propositions criminelles et à les mettre à exécution avec plus de résolution que ceux dont elles venaient... »

Ce qu'il résulta des visites de M. l'abbé Patron et de M. Catta, les lettres que David écrivit à ce dernier vont le dire. Nous croyons devoir les transcrire ici, en respectant leur texte incorrect et leurs fautes. Elles n'ont jamais été publiées, à la différence de plusieurs écrits vrais ou fictifs de David dans sa prison, dont s'occupa la presse nantaise ; elles présentent, comme on va le voir, un réel intérêt, restant la preuve du merveilleux travail opéré par la grâce en cette âme de criminel.'

A M. Catta, avocat au Parquet de Nante, Loire-Inf^{re}.

Nante, le 27 décembre 1891.

Monsieur,

Monsieur vous mescuserais ci je me permet de vous écrire c'est quelque mots (il demande ici un service insignifiant)... Je vou dirais aussi que j'ai signé mon recours en grâce (Il veut dire son pourvoi en cassation, car il avait refusé de signer son recours en grâce), hier après-midi... Je vois Monsieur Patron, l'aumônier de la maison presque tous les jours et je vous assure que je suis plus heureux depuis qu'il vien me voir, que je n'était auparavant. Rien autre chose à vous dire pour le moment. Je vous salut en vous remerciant d'avoir bien voulu me rendre service.

« EMILE-LOUIS DAVID ».

« *Maison d'arrêt de Nantes, le 1ᵉʳ janvier 1891.*

Monsieur je vous écrit cest quelques mots pour vous souhaiter une et une très bonne et heureuse année, ainsi que le paradis à la fin de vos jours.

Monsieur vous vous étonnerais peut-être de m'entendre parler du paradis, car vous le savais, que personne ne m'en avait jamais parler avant de venir ici. Si j'en parle, c'est que Monsieur l'Aumônier m'a donner un Paroissien Romain. Ça fait que je me mets à le lire soir et matin, et je vous assure que je suis très content d'être venu à la maison d'arrêt de Nantes, pour apprendre à parler de Dieu et à le connaître. Monsieur je vous dirais que ci je n'avais pas commis toutes mes fautes, je n'aurais jamais appris à connaître Dieu (1). Vous voyez donc Monsieur, que je n'ai pas perdu tous les biens, car si je perds la vie, j'aurais dumoin la consolation d'avoir appris à connaître Dieu que je ne connaissait pas encore avant de venir ici. Monsieur je vous dirais que je suis très content d'être arrivé avec vous à l'aimer et à être réunis à lui dans le ciel, car je crois maintenant que ci la justice humaine a agit envers moi comme elle devait le faire, j'espère que je n'ai rien perdu, car j'ai appris à connaître et à aimer Dieu depuis que Monsieur l'Aumônier est venu me voir, et j'espère que un jour il me pardonnera mes fautes commises. Rien autre chose à vous dire pour le moment. Je finis en vous souhaitant une bonne et une heureuse année, en souhaitant de vous trouver un jour auprès de Dieu, ainsi que toute votre famille. Je vous salut ».

« EMILE DAVID ».

(1) C'est le cri de nos livres sacrés : *Felix Culpa !* écrit M. Catta. Quelle pensée touchante et quelle admirable résignation !

Le même jour, David écrivait à M. l'abbé Patron dans le même sens et à peu près dans les mêmes termes. Cette lettre a été publiée par plusieurs journaux.

Le condamné fut alors transféré à Saint-Nazaire. Il y trouva un second maître dans l'étude de Dieu et de la religion en la personne de M. l'abbé André, vicaire de Saint-Gohard et aumônier de la prison.

C'est de là que David écrit encore à son défenseur.

« Saint-Nazaire, le 27 janvier 1892.

À Monsieur Catta,

Monsieur je vous écrit ces quelque mots pour vous dire que je suis en très bonne santé et je désire que ma lettre vous trouve de même... J'espère tout les jours le petit crucifix ou la petite médaille que vous m'avais promis de manière que je puisse avoir un souvenir de vous si je ne suis pas exécuté, si c'est au contraire, je pourrai du moin embrasser votre cadeau avant de mourir. J'espère aussi Monsieur que si je suis exécuté, je pourrais vous embrasser avant de mourir, car je sai que vous êtes un homme de cœur et un bonne homme, je vous estime Monsieur car vous m'avez parlé de Dieu le premier, don personne ne m'avais jamais dit un seul mot. Ne croyais pas Monsieur que j'ai peur de la mort, non car je sais que je l'ai mérité. J'espère avec une ferme confiance en Dieu, car si la société m'a repoussé de son sein, Dieu aura pitiez de moi, comme Monsieur Broussard me l'a dit : Ayez confiance en lui et il vous pardonnera, et bien Monsieur j'ai écouter ces bonne paroles et maintenant je me trouve heureux de mourire car si j'avais été condamner au travaux comme Cabel et bien Monsieur je serais peut-être devenu pire que je ne suis... J'espère Monsieur que vous viendrez me voir avant le jour de l'exécution pour que je puisse vous embrasser avant de mourir. Bien des compliments de ma part à Monsieur le Procureur ainsi qu'à Monsieur le Président.....

Je vous salut,

« EMILE DAVID ».

« *Saint-Nazaire, le 18 Février 1892.*

« Monsieur Catta.

« Monsieur je met la main à la plume pour vous dire que je suis en très bonne santé et je désire de grand cœur que ma lettre vous trouve de même. Monsieur André m'a dit que si j'avais le désir de vous revoir vous étiez entièrement à ma disposition. Eh bien Monsieur puisque c'est ainsi, je tiendrez encore à vous voir avant de quitter ce monde pour toujours. Car Monsieur quand un homme a fait tout ce qu'il a pu pour vous sauvais la tête il me semble qu'on lui doit un peut de reconnaissance. Eh bien Monsieur je vous direz moi David l'assassin que je vous aime de tout mon cœur parce que vous avez été un père pour moi. Personne n'a été aussi bon pour moi que vous et Monsieur Patron..... Je vous direz aussi que avant de mourir, je veux faire un petit discours pour donner à réfléchir à tous ces malheureux égaré qui se trouveront là. Oui Monsieur, je serais utile à la Société, si j'ai été un si grand scélérat je veut au au moins leur être utile avant de mourir.

Puisque vous n'avez rien comme souvenir de moi je vais vous écrire mon petit discours que vous pourez faire voir à Monsieur le procureur. Voici mon discours et j'espère que vous en serez enchanté ainsi que Monsieur le procureur.

« Aux Habitants de Saint-Nazaire »

Mes chers amis.

Je demande humblement pardon à Dieu et aux hommes des crimes que j'ai commis, j'ai mérité le terrible châtiment que je vais subir tout à l'heure, et je ne m'en plains pas. Je tien cependant à vous dire que je meurs en vrai chrétien. Je remet mon âme entre les mains de Dieu qui m'a créé, du Dieu qui a pardonner sur la croix à un voleur et à un assassin comme moi. Je livre mon corps aujourd'hui au bourreau, pour payer à la France, ma patrie, la dette que je lui doit. Puisse mon exemple servire à sauver d'autres malheureux égarés, c'est ce que je demande à Dieu ! Au revoir mes amis, au ciel !

« Vive Notre Seigneur Jésus-Christ !

« Et vive la France !

Voilà Monsieur, mon petit discours pour le jour de l'exécution. Faite le voir à Monsieur le procureur pour qu'il voie que je ne suis pas tout à fait perverti comme on le disait.

Je vous serre affectueusement la main ainsi qu'à Monsieur le procureur des assises ainsi qu'à tous vos amis.

« *Signé :* Emile David. »

C'est à cette époque que David fut admis à faire sa première communion. M. Catta tint à y assister. La messe fut dite par M. l'abbé André. Un geôlier la répondit. Un autre se tenait près de David et lui indiquait dans le paroissien qu'il tenait en main les pages correspondant aux cérémonies sacrées. Jamais le souvenir de cette messe ne devait sortir de la mémoire de M. Catta. Il en parlait souvent à ses enfants. Quelle dramatique et touchante scène dut être cette première communion du condamné à mort !...

Le 13 Mars 1892, David écrivait à son défenseur :

« Mon cher Monsieur Catta,

Depuis que j'ai fait ma première communion je suis heureux comme un Roi, et content de mourir en chrétien, car je suis persuadé que Dieu m'a pardonné mes fautes, depuis que je me suis donné à lui corps et âme. Tous les jours, monsieur Catta, je s'en mon âme ce purifier, ha monsieur s'il fallait recommencer une nouvelle vie, j'aimerai mieux faire quinze heures de travail par jour avec un morceau de pain noir et un verre d'eau, que de faire ce que j'ai fait à mon prochain. Ha Monsieur, il y a des hommes qui ne savent pas ce que c'est que le repentir, mais s'ils le connaissaient comme moi, ils ne feraient pas le mal qu'ils font tous les jours. Je voudrais que sa soit moi qui fut le dernier misérable au monde, au moin comme sa la Société pourais vivre en paix et dormir tranquille. J'espère bien monsieur que le châtiment que je vais expier, servira d'exemple à tous les jeunes gens. Ha monsieur, si pour réparer le mal que j'ai fait, et rendre la vie à ces deux pauvres femmes que j'ai tué, l'on viendrait me dire qu'il faut que l'on me coupe par morceau pour que ces deux malheureuses revienne et bien j'aurais ce courage de subire ce châtiment, car de jour en jour je devien de plus fort en plus fort, depuis que j'élève mon âme vers Dieu.

Monsieur j'espère mon châtiment avec résignation et courage parce que je sais que je l'ai mérité et que Dieu m'a pardonné. Je vous dirai, Monsieur, que si je ne m'étais pas tourné vers Dieu, depuis que Monsieur

Patron est venu me trouvé la première fois, et bien je serais mort de chagrin. Quand je m'ennui je me mais à prier tout bas et je sen le courage me revenir.

Je fini ma lettre en vous serrant affectueusement la main. Votre ami jusqu'à la mort.

Emile Louis David.

P. S. Bien le bonjour de ma part à Monsieur Patron ainsi qu'à Monsieur le Procureur et à Monsieur le Président. J'avais oublier de vous dire que j'ai reçu votre souvenir et qu'elle m'a fait grand plaisir en voyant que vous pensé toujours à moi. Je prie Dieu pour vous tous les jours, ainsi que pour monsieur Patron ».

David fut exécuté à Saint-Nazaire le lundi, 27 mars 1892. Avant de quitter la prison il assista à la messe, et comme M. André lui disait de l'autel : « J'offre pour vous le saint sacrifice de la messe ; c'est le renouvellement du sacrifice de la Croix, rappelez-vous que Notre-Seigneur a versé pour vous son sang jusqu'à la dernière goutte. Soyez reconnaissant, soyez généreux à votre tour, offrez-lui cœur pour cœur, sang pour sang. » David répondit à haute voix : « Merci, je vous le promets, *je mourrai pour Lui comme il est mort pour moi.* »

Au moment de mourir, fidèle à sa résolution, il eut l'énergie de prononcer à haute et très intelligible voix les paroles dont il avait envoyé le texte à son défenseur. Ce fut après avoir à plusieurs reprises baisé le crucifix que lui tendait M. l'abbé André qu'il s'avança sans aide vers l'échafaud et qu'il tendit sa tête au couperet.

Touchante fin qui montre la sublimité de notre religion et la grandeur de l'idée d'expiation sur laquelle elle repose toute ! Mort qui honore le condamné autant que le crime l'avait abaissé, et dont les mérites retombent sur ceux qui la préparèrent !

Revoyant un jour M. Catta et lui parlant de David, M. l'abbé Patron lui dit, avec une modestie qui le faisait s'oublier lui-même : « Vous l'avez envoyé au ciel. »

Est-il téméraire de croire que les portes du Paradis s'ouvrirent toutes grandes devant celui dont la mort venait d'expier les crimes ? Et ne peut-on pas penser aussi que, conformément au souhait touchant qu'exprimait de façon naïve l'une des lettres que nous venons de citer, quand l'homme de bien qui fut l'avocat de David se présenta à son tour au seuil de l'éternité, celui qu'il n'avait pu sauver de la justice des hommes mais bien de celle de Dieu, se leva à son tour pour le défendre au tribunal suprême (1).

*
* *

L'affaire David fut l'un des rares procès criminels qu'eut à plaider M. Catta. Il fut surtout un civiliste

---

(1) L'affaire David ne fut pas sans occasionner quelque bruit dans la presse. Certains journaux de Nantes, tout en rendant hommage au talent et à l'éloquence de M. Catta, trouvèrent qu'il avait été un peu loin en rendant l'école sans Dieu responsable des crimes de David ! Sur d'autres, au contraire, ce langage fit une impression profonde, et nous connaissons un patronage parisien, œuvre admirable située dans l'un des quartiers les plus mauvais de la capitale, qui dut sa fondation à l'histoire de la vie, des crimes et de la conversion de David.

et ne plaida qu'exceptionnellement devant la Cour d'assises ou le Tribunal correctionnel. Mais il est une juridiction spéciale qu'il abordait volontiers et devant laquelle il triompha souvent : le Conseil de guerre du XI° corps d'armée. Il aimait parler devant ces officiers sur lesquels le sentiment de l'honneur, la loyauté et la chaleur des convictions avaient tant de prise. Sa parole leur plaisait ; il s'était fait des affaires militaires comme une spécialité. Les soldats Corses traduits devant ce Conseil de guerre ne manquaient pas de s'adresser à leur compatriote et, quand ils étaient acquittés, ils en étaient heureux pour la patrie lointaine qui à leurs yeux aurait été confondue avec eux dans leur déshonneur !

A l'issue d'une grave affaire dont on attendit le dénouement avec angoisse, l'officier qui avait comparu devant ses pairs et qui venait d'être acquitté à l'unanimité, se jeta au cou de son défenseur et lui dit : « Vous me sauvez la vie et l'honneur. »

Un simple cavalier fut poursuivi sous des inculpations multiples. La famille de l'accusé était des plus honorables. Les officiers s'étaient intéressés au malheureux qui, disait-on, s'était rendu indigne de leur confiance, et comparaissait devant le Conseil de guerre, chargé des faits les plus graves. Un jour, dans un cercle, on s'entretenait de cette triste affaire. De tous côtés les accusations les plus précises venaient fondre sur le malheureux cavalier, et l'on s'accordait à dire que rien ne pouvait le sauver. Monsieur de B... assistait à cette conversation et, avec cet accent d'humour et cette spirituelle vivacité qui ne l'abandonnent jamais, il dit malicieusement : « Oui, et malgré tout cela, M. Catta viendra nous dire : mais D... est innocent, il n'a rien fait du tout... Et D... sera acquitté... » Huit ou quinze jours après s'ouvraient les débats. M. Catta plaidait pour le pauvre dragon chargé de tous les méfaits du régiment. Il commençait ainsi : « D... n'est pas si coupable qu'on le dit. » Certains officiers qui siégeaient comme juges et qui connaissaient la prophétie ironique de M. de B. ne purent s'empêcher de sourire, mais le dragon fut acquitté.

Il est bien d'autres incidents de cette carrière qui mériteraient d'être rapportés : telles ces lignes qui parvinrent à M. Catta du port où leur auteur allait s'embarquer pour les colonies : « Dans quelques instants, j'aurai quitté la France et l'on n'entendra plus jamais parler de moi. Vous m'avez tendu la main dans mon malheur, et m'avez relevé... soyez-en béni... »

Terminons ce chapitre consacré à l'avocat, en reconstituant l'une des dernières affaires et des plus intéressantes qu'il ait plaidées : celle de la *Ligue Patriotique Antisémite de Nantes.*

On se rappelle les poursuites dont furent l'objet, en 1899, les Ligues royalistes, antisémites et plébiscitaires. Il s'agissait de préparer les procès de la Haute-Cour et l'on allait chercher, dans l'arsenal des lois, de vieilles armes dont certains purent jadis naïvement penser qu'un gouvernement républicain ne voudrait jamais se servir : la loi de 1834 et l'article 291 du code Pénal défendaient toute association de plus de vingt personnes, constituée sans l'agrément du gouvernement (1).

C'est sous cette inculpation que furent poursuivies les ligues. M. Catta fut chargé de la défense de MM. de Frémond, G. Ganuchaud, H. Sinan, Bricaud, Sudry, Morel et Reveillaut-Cheval, de la Ligue Anti-sémite de Nantes.

Le tribunal correctionnel les acquitta.

Le ministère public releva appel de ce jugement. L'affaire vint devant la Cour de Rennes le 19 mars 1900. M. le Procureur général Herbaux requit la réformation du jugement et la condamnation des prévenus.

La veille, dans des conditions analogues, s'était plaidé le procès des royalistes, qu'avait défendus M⁰ Genouvrier, bâtonnier du barreau de Rennes, et la cour avait confirmé le jugement du tribunal de Nantes les condamnant à une légère amende.

« De taille moyenne, lit-on dans le *Journal de Rennes*, maigre, nerveux, la figure rasée, l'avocat nantais présente avec M⁰ Genouvrier, qui occupait hier la même place, un contraste physique qui trouvera un reflet dans la vigueur différente de ces deux éloquences.

« Précis, serré, quand il discute pied à pied les preuves de l'accusation, M⁰ Catta, en abordant le côté moral des poursuites, trouve des accents d'une émotion communicative, parce qu'on n'y peut voir rien d'artifi-

---

(1) On sait que ces dispositions sont abrogées par la loi du 1ᵉʳ juillet 1901 qui rend aux Français la liberté d'association, sauf aux congré-gations Religieuses que la République ne peut admettre chez elle.

ciel, pour protester au nom des grandes idées si ardemment défendues hier par le défenseur des membres de la Jeunesse royaliste ».

Voici très brièvement quelle fut l'argumentation du défenseur des Antisémites.

Il précise l'interdiction réelle du législateur et montre qu'elle a trait seulement aux *associations* et non pas aux simples réunions temporaires. Puis il cherche les caractères véritables de l'association et les trouve dans les déclarations mêmes de ceux qui exerçaient les poursuites lors du fameux procès des *Treize*. Ces caractères de l'association, M. Catta démontre qu'on ne peut les relever dans la cause dont il est chargé. Et avec une franchise qui est une habileté : « Nous voulions faire une vaste association, dit-il, nous voulions constituer une puissante ligue qui à coup sûr serait tombée sous le coup de la loi, mais nous ne l'avons pas pu, les poursuites sont venues avant que nous ayons réalisé nos projets. Nous n'avons eu réellement que des réunions sans caractère permanent, et l'association puissante que nous voulions créée n'est pas née (1). »

Pour prouver cette loyale affirmation, il s'attaque à chacun des documents sur lesquels s'appuie l'accusation. L'un après l'autre il les réduit à néant. Ses démonstrations sont si lumineuses, son argumentation si nette, que bientôt il ne reste plus rien de

(1) Cette plaidoirie a été reconstituée et publiée à part par les soins du Journal le *Nationaliste de l'Ouest*.

l'accusation. Le ministère public prend peur. Deux fois le Procureur général l'interrompt et conteste ses dires. M. Catta lui réplique avec une telle précision qu'il bat en retraite, s'avouant vaincu.

Mais cette plaidoirie ne fut pas seulement une discussion de textes et de faits. L'avocat se hâte d'élargir le débat. Dès le début, il a déclaré que cette affaire ne devait pas être réduite aux simples proportions d'un calcul arithmétique. Recherchant les intentions de ses clients, il a démontré qu'ils n'ont pas voulu de persécution religieuse, pas plus qu'ils n'ont voulu faire de politique ni obéir à des préoccupations mercantiles.

« Aimant passionnément la France, aimant aussi de la même passion l'armée, qui est faite de notre sang, qui est l'âme de la nation, dans laquelle plusieurs d'entre eux ont servi, dans laquelle nos fils sont ou seront bientôt, ils ont voulu combattre ce qu'ils appellent l'envahissement juif, provoquer contre lui un grand mouvement de l'opinion, réagir contre les attaques odieuses et infâmes dirigées contre notre armée, nos officiers, nos généraux, nos conseils de guerre ; contre nos prêtres ; contre nos magistrats ; contre tout ce qui fait notre orgueil et notre gloire.

« Est-il vrai qu'il y ait un envahissement Juif ; qui oserait sérieusement le nier ?... »

Au milieu de l'émotion générale, M. Catta démontre comment les Juifs perpétuent leur race au sein des peuples modernes et comment ils forment entre eux une solidarité intime et profonde, autrement puissante que celle des associations qu'on poursuit aujourd'hui, et qui les constitue en France et partout à l'état de nation dans la nation.

Lentement, d'une voix grave et profonde, il lit un discours du rabbin Radcleffe, où l'on trouve ces mots :

« Lorsque nous nous serons rendus les uniques
« possesseurs de tout l'or de la terre, la vraie puissance
« passera entre nos mains...
« L'or, la plus grande puissance de la terre ; l'or qui
« est la force, la récompense, l'instrument de toute
« puissance, ce tout que l'homme craint et qu'il désire...
« Voilà le seul mystère, la plus profonde science sur
« l'esprit qui régit le monde... Voilà l'avenir...
« ... L'Eglise chrétienne étant un de nos plus dange-
« reux ennemis, nous devons travailler avec persévé-
« rance à amoindrir son influence... Il faut commencer
« par déprécier les ministres de cette religion : décla-
« rons-leur une guerre ouverte, provoquons les soup-
« çons sur leur conduite privée, et par le ridicule et le
« persiflage, nous aurons raison de la considération
« attachée à l'état et à l'habit... »

On comprend l'émotion causée par cette lecture sur la cour et sur l'auditoire nombreux, attentif et silencieux.

L'intention de ses honorables clients étant ainsi vengée, M. Catta démontre qu'au point de vue juridique ils ne pouvaient songer qu'ils commettaient un délit. Les articles de loi qu'aujourd'hui on retourne contre nous, dit-il, on pouvait légitimement les considérer comme abolis par le non-usage. Il souligne l'ironie de poursuites qui s'appuient sur de vieilles armes rouillées, forgées par l'Empire, auxquelles la Restauration n'eut jamais recours, et qui servirent seulement au gouvernement de Napoléon III contre les plus purs républicains, lors du procès des *Treize*. « Depuis, oh ! depuis !... on a vu quelques-uns de ces hommes si ardents partisans de la liberté d'association, se montrer ses persécuteurs non moins ardents... Et aujourd'hui c'est le gouvernement républicain qui a recours à l'article 291 ! »

Mais alors pourquoi ne pas poursuivre *toutes* les associations illicites ?

« Tenez, M. le Procureur général, vous invoquiez tout à l'heure, comme une preuve contre mes clients, le numéro de l'*Espérance du Peuple*, du 11 décembre 1898, rendant compte d'une réunion antisémite. Eh bien! dans ce même numéro, immédiatement après ce compte-rendu, il en est un autre de la *Fédération socialiste nantaise*...

« Voici un numéro de l'organe officiel de cette Fédération, le *Réveil Social*, du 17 décembre 1899, qui est ma propriété et que je conserve avec soin, car il contient ma propre caricature. Vous pouvez y lire tout au long le programme et les statuts de cette association ; vous y trouverez même une violente diatribe contre les ligues antisémite et patriotique ; vous y trouverez encore un article ayant pour titre en gros caractères : crimes militaires, dans lequel on prétend dénoncer les méfaits de messieurs les galonnés. Voici un autre numéro de ce journal où l'on expose avec force détails l'organisation de cette association qui se ramifie, dit-on, dans tout l'ouest de la France. Pour elle je ne sache pas qu'il y ait de poursuites, et certes je n'en demande pas. Mais alors pourquoi en dirigez-vous contre nous ?...

Les Antisémites ne pouvaient donc penser qu'il existât des prescriptions contre les associations de plus de vingt personnes.

Après avoir résumé et comme ramassé en quelques phrases brèves et claires tous ses arguments pour les rejeter d'un seul coup contre ceux de l'accusation, M. Catta termine ainsi :

« ... Je remets avec pleine confiance cette cause entre vos mains... Vous êtes le refuge et la sauvegarde des citoyens ; vous êtes les successeurs et les continuateurs de ce vieux Parlement de Bretagne qui fut le gardien si vigilant et si intrépide de ses franchises ; vous devez défendre nos libertés et vous les défendrez. On a dit des Cours qu'elles rendent des arrêts et non des services : vous rendrez un arrêt ; mais cet arrêt peut aussi être un service. Ce procès est — et je le regrette — un procès politique, un procès voulu par le gouvernement. Votre arrêt rendra au gouvernement le service de lui déclarer ce que ses vrais amis — et je n'en suis pas — devraient lui dire : qu'il s'est engagé dans une mauvaise voie et qu'il doit s'arrêter.

« Il est temps de mettre un terme à ces agitations qui déshonorent et déchirent notre pays. La France a besoin de concorde et de paix ; elle a besoin de se recueillir, de se préparer pour les éventualités redoutables qui s'annoncent et pour lesquelles il lui faudra le concours et le dévouement de tous ses enfants. On parle d'apaisement et les chambres sont saisies d'un projet d'amnistie. Pour qui l'amnistie ? Pour un officier condamné deux fois comme traître à son pays et pour ceux qui se sont faits les protecteurs du traître. Pendant ce temps, on poursuit des gens de bien, des patriotes, des hommes qui aiment la patrie avec passion et qui sont prêts à verser leur sang pour elle. Ce n'est pas ainsi qu'on parviendra à l'apaisement. Ne voit-on pas qu'on excite les passions, qu'on irrite les esprits, qu'on exaspère les cœurs et qu'on provoque les rancunes ? Pensez à la France, messieurs, rendez la justice dans l'impassible sérénité de vos consciences, et, en jugeant comme je le demande, vous aurez servi la cause de la patrie et de la liberté... »

La Cour de Rennes comprit ce noble langage et par un arrêt du 21 mars 1900 elle confirma le jugement par lequel le Tribunal de Nantes avait acquitté les Antisémites.

Ceux-ci offrirent à leur défenseur un bronze symbolique, signé : E. Picault. L'artiste a représenté un guerrier debout, appuyé d'une main sur sa longue épée, le bras tendu dans un geste impérieux, la taille légèrement inclinée en arrière dans une attitude de résistance, et cette œuvre s'intitule : le *Devoir*. En l'offrant à M. Catta, les Antisémites lui dirent : c'est votre vie.

Aussi ne pouvions-nous mieux terminer ce chapitre que par le récit de cette affaire. Jointe à celles qui précèdent, elle permettra de fixer dans son originalité la figure de ce maître dont la parole, toujours au service du bien et de la liberté, remporta souvent de si beaux triomphes, mais qui, s'il sut sauver les autres et faire triompher le Droit, ne se vit peut-être pas toujours rendre justice à lui-même. Talent incontesté auquel on eut souvent recours, mais dont la plus belle et parfois la seule récompense fut dans la conscience du bien qu'il accomplit (1).

(1) Il est beaucoup d'autres affaires plaidées par M. Catta dont nous aurions aimé à donner dans ce chapitre quelques détails. Il nous a été malheureusement impossible de les reconstituer d'une façon assez complète, et nous avons dû nous borner à en choisir quelques-unes, qui seront comme les types des genres variés auxquels s'est exercée cette éloquence ardente et souple.

Par contre, nous recevons, — trop tard pour qu'ils puissent figurer à la place et avec les développements auxquels ils auraient droit, — des détails touchants ayant trait à la première affaire qu'ait plaidée à Nantes Me Catta, immédiatement après sa démission. On ne lira pas sans intérêt cette lettre écrite à l'un des fils de M. Catta par un ami de leur père, qui est encore l'un des meilleurs tenants de la cause catholique à Nantes :

Nantes, le 2 mai 1907

Cher Monsieur,

C'est pour moi une bien vive satisfaction et un amical devoir que de rappeler mes souvenirs et de vous les transmettre, en mémoire de votre bon Père dont je n'oublierai pas les délicats sentiments d'affection.

Voici en quelles circonstances prit naissance cette sympathie.

Arrêté chez les RR. PP. Capucins, lors de leur expulsion, le 2 novembre 1880, je fus traduis devant le tribunal de Nantes .. Nous demandâmes d'abord à notre ami, M. Pierre Pichelin, de bien vouloir se charger de notre défense. Dans un beau et délicat sentiment de confraternité, M. Pichelin nous dit : « Ce serait un vrai bonheur pour moi que de prendre votre cause, mais... voulez-vous rendre quelqu'un heureux ?.. allez trouver M. Catta. Il vient de briser sa carrière ; votre démarche lui sera sensible, croyez-le bien !.. »

En quittant la place de la Petite-Hollande, nous montons au haut de la rue Crébillon, en face de la rue Grétry, au second, et nous sommes introduits dans le cabinet de Monsieur votre Père. Dès les premiers mots indiquant le but de notre visite, je le vois encore se lever d'un bond, faire le tour de sa table de travail, et saisissant les mains de mon oncle, puis les miennes : « Ah ! Messieurs, merci... merci... Que M. Pichelin est bon de se désaisir de la cause d'un ami pour me l'envoyer ! Je vais donc pouvoir parler, faire voir l'iniquité des décrets, la fourberie des gens au pouvoir, vider mon cœur

IX

Le régime représentatif. — IDÉES POLITIQUES.
TACT ET DISCIPLINE. — LE COMITÉ DE DÉFENSE RELIGIEUSE.

En 1890, M. le comte Catta commença d'écrire dans la *Revue Catholique des Institutions et du Droit* une série d'articles qu'il publia ensuite chez Lecoffre sous ce titre : « *Le Régime Représentatif en France.* » Nous croyons nécessaire d'analyser ici cette œuvre magistrale et d'en donner de larges extraits. Fort

enfin ! Que vous me rendez heureux !.. » Et je vois encore son émotion, et les larmes coulant sur son visage...

Après le déchirement de sa carrière brisée, à part la satisfaction du devoir accompli, j'ai été sa première joie. Depuis, il exista toujours entre nous une très vive sympathie. Il ne se passait guère de semaine que nous n'eussions l'occasion de nous rencontrer dans le quartier. Il savait donner à ces courts entretiens le charme de son esquise cordialité. Durant sa maladie, il témoigna plusieurs fois le désir de nous voir et la crainte de le fatiguer nous empêcha seule de céder plus souvent à ce désir bien partagé.

Je vous dois d'autres détails sur mon procès. Mon affaire fut appelée la première. M Guibourd de Luzinais, sachant que M. votre Père, avait ma cause en mains, la fit passer la première, pour permettre au substitut démissionnaire de traiter le premier la question de la légalité des décrets avec toute l'ampleur qu'elle comportait. Il s'en acquitta de main de maitre ! Il me semble encore assister à cette audience remarquée des lecteurs de la revue où elle parut d'abord, elle contient des aperçus particulièrement originaux, des idées qui paraissaient alors entièrement nouvelles et auxquelles se sont ralliés depuis d'éminents esprits (1). De plus, cette étude nous permettra de préciser quelles étaient les opinions politiques de M. Catta et de montrer sur quelles bases solides elles s'étayaient.

La première partie de l'ouvrage est intitulée : *Des principes généraux de la représentation.*

Bien des systèmes ont été édifiés au sujet de l'origine du pouvoir. Nous en connaissons peu de plus rationnels ni de plus clairs que celui qui est exposé au chapitre premier du *Régime Représentatif.*

mémorable, où tout Nantes chrétien s'était donné rendez-vous. Je vois M. Catta se levant tout ému, saluant les magistrats, ses collègues d'hier, donnant libre cours à son cœur... Il fit verser des larmes à l'auditoire. Puis, se resaisissant, il aborda le fond du sujet, qu'il traita en juriste éminent, en orateur consommé, en Français, en chrétien indigné. Je fus acquitté ainsi que mes amis.

A la Cour de Rennes, où notre affaire vint en appel, Monsieur votre Père eut encore le premier rang. Cette fois, nous eûmes l'honneur d'être condamnés à 16 francs d'amende.

J'ai cherché vainement les comptes-rendus et les extraits que les journaux avaient alors donnés de ces belles plaidoiries.

Il m'a été bien doux de vous transmettre ces souvenirs, qui certainement vous auront intéressé.

Veuillez croire, cher Monsieur, à l'assurance de mes meilleures sympathies.

Henri ANGOT.

(1) Citons MM. le marquis de la Tour du Pin, Duthoit, Charles Benoist, Hauriou... L'idée première des systèmes développés par ces auteurs sous l'appellation générale de *représentation des intérêts* est due à M. le comte de Chambord. Quelques articles avaient paru sur la question avant 1890, mais nous ne croyons pas qu'il ait été publié aucun ouvrage d'ensemble avant celui du comte Catta.

L'auteur commence par réfuter le système du Contrat Social de Rousseau. Il démontre que c'est bien « en vertu de sa propre nature » que l'homme naît, vit et meurt en Société. Un prétendu contrat social n'eut rien à voir à cet état de fait. Ce n'est donc pas d'un contrat que peut découler l'origine de la souveraineté. Outre que l'hypothèse d'un pacte social est une erreur historique, on ne peut admettre que l'expression de la volonté d'une majorité suffise à créer un droit.

« ...Non, la majorité ne crée pas le droit. Il existe, par lui-même, indépendamment et malgré le vote de la majorité... Non, la souveraineté n'appartient pas à la nation par suite d'un contrat intervenu entre ses membres. Il faudrait d'abord établir que chacun d'eux est le maître absolu de sa propre personne, pour lui reconnaître ensuite le droit d'abdiquer, en faveur de la société, la souveraineté qui lui appartiendrait sur lui-même. Qui oserait le soutenir ?... »

L'expression de la volonté de la majorité risque toujours d'être fausse ; il suffit d'un instant pour qu'elle ne corresponde plus à la réalité... Le système de J.-J. Rousseau, qui n'aboutit qu'à des contradictions et à des impossibilités, est impuissant à assigner une origine rationnelle à la souveraineté (1).

« Le principe de la souveraineté est autre.
« L'état social des hommes est d'ordre naturel et divin. Il est le fait du Créateur lui-même. Il se mani-

---

(1) Nous ne pouvons qu'indiquer brièvement ces conclusions auxquelles l'auteur est amené par un raisonnement très serré.

feste sous diverses formes dont les types sont : la famille d'abord, la nation ensuite. A chacune de ces deux formes appartiennent des droits et des devoirs spéciaux appropriés à leur mission providentielle.

« La nation a donc, de par la loi divine elle-même qui créa l'humanité, tous les droits et tous les devoirs qui sont la condition nécessaire de son existence. La souveraineté n'est autre que la plénitude de ces droits et de ces devoirs... »

Ce n'est donc pas en vertu d'une délégation de ses membres, ni en vertu de la volonté de la majorité, que la société possède la souveraineté. Ce principe est en Dieu seul, créateur de l'état social.

Mais sous quelle forme cette souveraineté s'exerce-t-elle dans une nation ? et à quels signes reconnaîtra-t-on la vraie constitution d'un peuple, celle qui doit s'imposer à tous par son origine divine ? Comment peut apparaître dans les faits de l'histoire l'intervention divine qui seule écrit les chartes des peuples ?

Voici comment l'auteur du *Régime Représentatif* développe la théorie du droit national et divin.

« ... La nation détient ou délègue la souveraineté, expressément ou tacitement, dans les conditions d'étendue et de durée qui lui conviennent ; et l'histoire nous apprend que, chez tous les peuples, cette délégation s'est faite d'une manière plus ou moins expresse ou tacite, ou plus ou moins étendue. Partout les générations qui se sont succédé les unes aux autres, en ont subi les conséquences ou ne s'en sont affranchies que moyennant une révolution, c'est-à-dire en bouleversant l'état de choses régulièrement établi. Toujours et partout, en effet, le présent sort du passé et prépare l'avenir. Nul être corporel ou moral ne peut échapper à cette loi.

« De cette circonstance qu'une nation a délégué tout ou partie de la souveraineté, ou qu'elle la détient ou l'exerce directement par elle-même, — exercice qui n'eut jamais lieu et n'est possible que chez de petits peuples — et de la succession des faits qui se sont accomplis pendant le cours de son existence, qui ont présidé à sa naissance et à son développement, au moyen desquels cette délégation s'est opérée ou qui ont été la conséquence de cette délégation elle-même, il résulte pour cette nation une manière d'être, de se conduire et de vivre qui lui est exclusivement propre. C'est là sa constitution. *Sa constitution est la résultante de son histoire.*

« Les principes sur lesquels repose une constitution ainsi définie forment, en toute vérité, *le droit national.* Et si l'on remonte à l'auteur de toutes choses, à Celui auquel les peuples doivent leur existence, on peut appeler ce droit national *droit divin,* ce qui revient à dire : loi fondamentale établie par la permission de Dieu, par l'action de la nation...

« ... Les caractères de la constitution, de ce droit national, nous en montrent un autre : c'est qu'il en est de la constitution d'un peuple comme de celle d'un individu. Il n'est pas plus possible à une nation de changer, du soir au lendemain, sa manière d'être, qu'il ne l'est à un homme de changer la sienne, résultat — est-il nécessaire de le constater ? — du sang qui coule dans ses veines, de son éducation, du genre de vie qu'il a mené, de l'air qu'il a respiré... »

Cette vérité a été méconnue en France. On a voulu mettre en œuvre la fausse théorie du contrat social et ce fut le point de départ de tous nos malheurs.

« La France n'a plus eu de constitution du jour où, solennellement et après de pompeuses discussions, on a voulu lui en décréter une de toutes pièces. »

Pouvait-on mieux formuler cette vérité et mieux préciser ce malheureux effort de l'Assemblée constituante, que Taine a appelé « le chef-d'œuvre de la déraison pratique, » et que déjà, en 1795, Joseph de Maistre avait flagellé en ces lignes auxquelles l'histoire devait donner une confirmation trop éclatante :

« Les plus insensés des hommes furent ceux qui se rangèrent autour d'une table et qui dirent : nous ôterons au peuple français son ancienne constitution et nous lui en donnerons une autre. La postérité décernera aux Constituants la palme de la folie (1). »

M. Catta démontre l'absurdidé de ce fait avec une netteté dont nous ne pouvons pas ne pas reproduire ici la belle expression.

« S'aviser, poursuit-il, s'aviser à un moment donné de doter d'une constitution un peuple qui a vécu, pendant des siècles, dans des conditions et sous des influences particulières, c'est lui enlever celle qu'il possède en réalité, qu'elle soit écrite ou non écrite, sans lui en assurer une nouvelle.

« Rien n'empêche, en effet, dès le lendemain du vote, de penser qu'on peut en fabriquer une meilleure, de la substituer à la nouvelle, et ainsi de suite à l'infini. On établit de la sorte entre le tempérament d'un peuple et les théories dont on lui fait l'application, entre ses habitudes anciennes et celles qu'on lui impose, un antago-

(1) Considérations sur la France.

nisme perpétuel qui se traduit par des bouleversements incessants.

« En deux mots, nous venons de faire l'histoire de la France depuis 1789. On a voulu affirmer et on a abouti à une négation. On prétendait asseoir l'Etat sur des fondements certains et on a simplement détruit ses vieilles assises. Cet état de choses a un nom. C'est la Révolution, mot effrayant de vérité, car il signifie la permanente instabilité... »

Ne peut-on rapprocher cette conclusion de la parole de J.-J. Rousseau que Bonald écrivit, rapporte Paul Bourget (1), en épigraphe sur la première page des *Théories du pouvoir*, avec la tranquille ironie du logicien qui arrache l'aveu involontaire de ses folies au prophète de l'erreur : « Si le législateur se trompant dans son objet établit un principe différent de celui qui sort de la nature des choses, l'Etat ne cessera d'être agité jusqu'à ce que le principe soit détruit ou changé et que l'invincible nature ait repris son empire. »

Nous verrons un peu plus loin comment, appliquant à la France cette doctrine politique si claire et si logiquement déduite de la nature et de l'histoire, M. Catta en tirera la seule conclusion possible, à savoir que la véritable constitution de notre pays est la monarchie représentative, que parmi celles qu'on a eu la prétention de lui donner, les moins mauvaises n'ont été que « des abris momentanés » qui n'ont résisté « ni au revers des champs

(1) *Le Réalisme de Bonald*, — dans le beau recueil intitulé *Sociologie et Littérature* par P. Bourget. Paris, Plon.

de bataille, ni aux poussées de la rue, parce qu'elles n'étaient que le produit des conceptions d'hommes momentanément investis du pouvoir de légiférer. »

Mais, ainsi qu'il le déclare à plusieurs reprises, l'auteur n'a pas voulu, en écrivant le *Régime Représentatif*, « faire œuvre de parti ». Sans doute, dit-il, « il est facile de voir combien la forme du gouvernement peut et doit influer sur les conditions de la représentation nationale », mais, comme l'essayèrent si souvent ces royalistes auxquels pourtant on ne manqua pas de reprocher leur intransigeance, il veut rendre au pays un service immédiat. Il consent à faire abstraction de ses préférences personnelles. En l'état actuel et si précaire des choses, il veut une amélioration, une réforme qui, pensait-il (ce fut peut-être la seule illusion de cet esprit qui alliait aux plus nobles enthousiasmes le sens le plus positif), pouvait être atteinte même sous la République. Admettant donc que tout gouvernement ne mérite ce nom que s'il est, sous une forme ou sous une autre, la représentation de la nation, et que cette représentation a toujours eu pour organes, dans une mesure plus ou moins grande, des assemblées, il se bornera à définir les principes d'après lesquels doivent être constituées les Chambres représentatives du pays.

« Le point qui nous semble devoir être avant tout recherché c'est que, quelle que soit la forme gouvernementale, la représentation nationale soit réellement ce qu'elle doit être, à savoir : l'expression véritable des vœux de tous ; c'est qu'elle donne une équitable satisfaction aux besoins, aux intérêts matériels et moraux de chacun ; c'est qu'elle repose, en un mot, sur la vérité des faits, sur le droit et sur la justice ».

Une véritable et juste représentation doit être celle de toute la nation.

De quoi se compose la nation ? De tous ses membres. Mais ce sont des personnes, diversifiées par les circonstances et les conditions d'âge, de sexe, de milieu, de profession... A chaque groupe correspondent des intérêts spéciaux « qui tous doivent être reconnus et recevoir satisfaction, parce qu'ils forment à des degrés divers, la raison, le but et le charme de la vie sociale ».

« Dans le grand concert de la vie sociale, si chacun fait son apport, les apports sont différents, inégaux, parfois opposés ; il s'ensuit que les intérêts sont également différents, inégaux, opposés. Si donc on reconnaît aux personnes un droit électoral égal, identique, sans se préoccuper des intérêts divers et inégaux qu'elles ont nécessairement, on sacrifie les personnes que ces intérêts concernent. Si l'on donne, au contraire, la préférence aux intérêts, ou plutôt à certains intérêts, la généralité est sacrifiée à l'exception, les masses à quelques priviligiés, et le résultat est d'autant plus inique que ces privilégiés sont déjà dotés des biens matériels et moraux, pour lesquels ils obtiennent cette préférence ».

C'est ce dernier système qui a été parfois appliqué dans le passé. De nos jours, au contraire, l'erreur est « de donner le droit de vote aux personnes seulement sans faire de part distincte aux intérêts. » Sans doute, on dit que les intérêts étant les accessoires des personnes, ils se trouvent tous représentés du fait que toutes les personnes le sont par le suffrage universel. Mais on oublie que ces intérêts étant différents, il faudrait établir entre les personnes des distinctions qui détermineraient la valeur de chaque voix d'après les intérêts dont elle serait l'organe.

Le suffrage universel, qui prétend être l'expression d'une égalité absolue, n'est qu'une absolue confusion.

« Si le suffrage d'une personne, réduite à sa seule individualité, qui peut-être est physiquement et intellectuellement infirme et partant incomplète, vaut celui d'une autre personne à la fois chef de famille et possesseur ou directeur d'un établissement agricole, industriel ou commercial de premier ordre, c'est là une trompeuse égalité, de l'égalité à rebours, une injustice. On sacrifie les grands aux petits, non en grandissant ceux-ci, mais en raccourcissant ceux-là... »

On ne peut donc voir dans le suffrage universel tel qu'il est pratiqué en France « qu'une expression numérique et brutale, non la formule harmonieuse et vraie des volontés de tous, en proportion des droits et des devoirs, dont chaque membre du corps social est le centre et la personnification... »

On objecte qu'en fait, grâce à l'universalité du suffrage, toutes les situations diverses des personnes sont représentées, et par là même tous les intérêts. Non !

« ... Ceux qui, occupant dans la société une situation ou exerçant une profession déterminée, entrent au Parlement, y sont envoyés, non à cause de leur situation ou profession et pour l'y représenter, mais indépendamment d'elle. Peut-être même ne sont-ils élus que parce qu'ils l'ont négligée ou s'en sont servis comme d'un marche-pied... »

Une telle représentation est l'émanation d'individualités votant en tant qu'individualités, « sans que les collectivités soient appelées à formuler, en leur nom, l'expression des désirs et des besoins qui leur sont propres ».

Les collectivités sont ces catégories sociales qui dérivent de la nature des choses, « dont le lien est la similitude des intérêts et qui ont pour origine la même condition sociale, la même profession, l'habitation commune ou la possession de biens sur la même partie du territoire... »

M. Catta oppose aux individus « qui se décident par l'opinion » essentiellement mobile, capricieuse, fugitive, les collectivités qui se décident par les *intérêts* « permanents, ce qui ne veut pas toujours dire identiques, mais sensiblement les mêmes, tant que durent les situations auxquelles ils se réfèrent. »

La formule de la juste représentation est donc la suivante : « *le droit de suffrage de toutes les personnes, avec la représentation et la pondération de tous les intérêts.* » Et le problème se pose en ces termes : « *ne pas sacrifier les personnes aux collectivités ; en sens inverse, ne pas sacrifier les intérêts à l'opinion.* »

La solution de ce problème, — que posent les deux premiers chapitres du *Régime Représentatif* en des termes dont cette analyse n'a pu rendre la netteté, — n'est pas aussi simple qu'elle le peut paraître

à première vue. Il s'agit en effet d'harmoniser des
éléments qui de tout temps sont entrés en lutte.
Conflit inévitable, dérivant de la nature des choses,
« entre les personnes et les intérêts, ou plutôt entre
les intérêts des divers groupes ou catégories de
personnes.

« La vie de chaque peuple se présente ainsi sous
une double face. L'une, c'est la lutte avec l'étranger,
tantôt vainqueur et tantôt vaincu. L'autre, c'est la lutte
à l'intérieur entre les diverses classes qui combattent :
les unes pour défendre leurs privilèges, les autres, pour
les diminuer ou les faire disparaître, toutes, pour les
intérêts afférents à chaque collectivité, lutte ardente,
parfois sanglante et implacable, dont les batailles sont
quelquefois aussi meurtrières que celles qui ont pour
objet de repousser l'envahisseur étranger. »

Toute l'histoire du monde est remplie de ces luttes,
parfois sanglantes. La société nouvelle n'en est pas
plus exempte que les sociétés antiques. A une clas-
sification des personnes en succède une autre, et
puis une autre encore, « mais la lutte entre les intérêts ne cesse point, et, pour se continuer aujourd'hui
dans des conditions entièrement différentes que par
le passé, elle n'en existe pas moins ».
C'est ce que prouve un simple regard jeté sur
l'histoire de Rome et sur celle de la France.
Ainsi que l'écrivit à M. Catta l'un des plus distingués de ses amis auquel il avait communiqué son
travail, ce rapide historique de la lutte des classes
Romaines, « plusieurs fois séculaire et plusieurs fois
sanglante » et qui aboutit au triomphe de la démo-

cratie mais non de la liberté, fait le plus grand honneur à un esprit capable d'une aussi forte synthèse. Ecrites en un stylé pressé, concis, éloquent, ces pages rappellent Montesquieu.

Il faut en dire autant de la belle étude d'histoire de France qui les suit.

C'est bien là cette philosophie de l'histoire dont parlait Taine et qui, partant des simples données des faits, permet de s'élever aux considérations générales, de tracer des tableaux d'ensemble et de juger une époque.

M. Catta expose comment peu à peu s'était fondée la constitution nationale de l'ancienne France. Il montre comment surgit d'abord l'ordre de la noblesse, qui fut à l'origine celui des puissants près desquels les faibles et les petits vinrent chercher aide et protection, — puis celui du clergé, l'ordre « de la force intellectuelle et morale qui n'abdique jamais » — et enfin le tiers état, qui fut d'abord la « masse réduite à un rôle infime », mais qui s'éleva peu à peu à la dignité et à l'importance d'une troisième force sociale. L'auteur insiste sur la part que prit la monarchie dans cette sorte d'ascension d'une classe restée d'abord en dehors des ordres privilégiées et

« dans laquelle la loyauté recruta des hommes habiles pour administrer ses domaines et ses finances, et, pour composer ses conseils et ses parlements, des clercs et des légistes qui s'appliquèrent à faire valoir les droits de la couronne sur les seigneurs dont ils prirent peu à peu la place comme juges et qu'ils eurent ensuite comme justiciables. Elle provoqua l'émancipation des villes

et des communes qu'elle prit sous sa protection directe.
Enfin elle constitua, maintint ou favorisa les municipalités, les associations d'arts et métiers, les professions
libérales, en un mot tout ce qui était susceptible de se
développer et de donner des fruits utiles à l'Etat. »

Et ainsi, sans qu'il fût besoin de Constituante, de
Législative, ni de contrat social d'aucune sorte, la
France se trouva en possession d'une constitution
« qui n'était écrite nulle part, mais que nul n'ignorait
et ne contestait » et qui reposait sur les bases suivantes. Au sommet, le monarque héréditaire « devenu le centre et la somme de tous les pouvoirs,...
investi de la mission de travailler incessamment à
la grandeur et à la gloire de la France qui se con-
fondent avec sa propre gloire et sa propre grandeur
et avec celles de sa race ; après lui, les trois Ordres,
représentant les divers éléments de la nation et les
intérêts des grandes collectivités.

« Dans cette organisation, ce qui s'appelle de nos
jours la représentation nationale n'existait pas, en ce
sens que des corps électifs, périodiquement élus,
n'avaient pas à discuter et à contrôler, en face du souve-
rain, les affaires de l'Etat. Mais le roi n'était pas, néanmoins, le maître absolu et despotique de son royaume
et de ses sujets. Il dut toujours compter, sauf pendant
certaines intermittences, avec le clergé, avec les grands,
avec les municipalités, avec les Etats des provinces,
avec les corporations, avec ses propres parlements, avec
les assemblées des notables et des Etats généraux ».

Une large part était ainsi faite dans cette organisation aux intérêts dont la permanence était garantie

« par l'hérédité de la couronne ; par la division des
trois Ordres ; par la transmission, grâce aux lois
successorales et au droit d'aînesse, de la propriété
territoriale et des plus importantes prérogatives aux
membres de la noblesse ; par le particularisme des
provinces et des cités, fermement attachées à leurs cou-
tumes et à l'espèce d'autonomie dont elles jouissaient,
par les privilèges appartenant à certaines institutions,
telles que l'Université, ou à certaines associations, telles
que les corporations des métiers, les maîtrises et les
jurandes, et dont les unes et les autres se montraient si
jalouses que les plus puissants de nos rois n'osèrent y
toucher ou mirent leur politique à les respecter ».

D'autres causes contribuaient encore à cette
permanence des intérêts et tenaient aux usages, aux
mœurs, à l'état des esprits dont était encore bannie
la fièvre d'ambition qui étreint les pays démocratiques. La vénalité des charges de la magistrature,
malgré la fausseté de son principe, était un sérieux
contrepoids au pouvoir central et « une sauvegarde,
très réelle et souvent obstinée, des intérêts sociaux
permanents, c'est-à-dire des collectivités ».

Pouvait-on mieux préciser les grands traits de
l'organisation de l'ancienne France, et les esprits
dont est si légitimement fier le traditionnalisme
moderne, — un Taine, un Montesquiou, un Bourget, — renieraient-ils ces lignes ?

Avec la même éloquence et la même vigueur,
M. Catta montre comment la lutte entre les intérêts
aboutit, en 1789, à la ruine de tous.

« Pendant des siècles, la lutte entre les intérêts affecta

donc, en France, cette forme : d'une part la Royauté, qui abaisse les hauteurs en réduisant sous sa puissance les Ordres privilégiés ; d'autre part, le peuple qui s'élève et par lui-même et par l'appui de la couronne ».

A partir de Richelieu, le roi est le maître, une période de monarchie autocratique commence, mais le pouvoir central reste contenu par les contre-poids qui subsistent, représentation et sauvegarde des intérêts des collectivités. La lutte a cessé entre la Royauté et les Seigneurs ; elle se poursuit entre les deux ordres privilégiés et le Tiers-Etat qui veut être tout. Bientôt même « la Royauté et le Tiers-Etat, si merveilleusement alliés pendant des siècles à leur profit réciproque, vont se trouver désormais en présence et à l'état de rivaux ». La Révolution avance à grands pas. Les idées d'indépendance et de révolte contre toute autorité, semées par Luther, ont germé et ne se contiennent plus ; les théories du retour à la nature et de l'égalité des conditions, répandues par J.-J. Rousseau, vont passer dans la pratique.

Imbus de toutes ces erreurs, les Constituants suppriment tous les privilèges et les collectivités sont dissoutes.

« Les intérêts permanents n'eurent plus, dès lors, d'autre sauvegarde que les principes solennellement proclamés de l'inviolabilité du Roi et de l'hérédité du trône, et un système électoral à base censitaire au moyen duquel... les députés du Tiers donnaient une certaine prépondérance aux intérêts de la partie du Tiers-Etat à laquelle ils appartenaient.

« Mais, par cela même qu'elle s'était déclarée constituante, l'assemblée avait mis en discussion le principe fondamental et jusqu'alors sacro-saint de la monarchie. Elle avait proclamé, par cela seul, le principe nouveau, à savoir : que la volonté du plus grand nombre est seule la source et le principe de toute loi et de toute autorité. Simple émanation d'une volonté, qu'un acte de volonté nouvelle pouvait supprimer, le Roi ne trouvait plus, en lui-même, une autorité placée en dehors et au-dessus d'un vote de l'assemblée ou du peuple. A partir de ce moment, l'opinion seule fut la maîtresse.

« Mis, en effet, sans autre soutien constitutionnel que l'inviolabilité de sa personne, en face de l'universalité de la nation, seule investie de la plénitude de la souveraineté, le Roi ne pouvait ni rien empêcher, ni rien arrêter. Encore moins pouvait le faire la digue impuissante et injuste du cens électoral adopté par la Constituante.

« On sait ce qu'il advint. Le torrent suivit son cours. La tête du vertueux Louis XVI tomba. Le sang coula à flots et la marche impétueuse de la démocratie se poursuivit, à travers les échafauds, les guerres, les incendies, les noyades, par la Convention et le Directoire, jusqu'au jour où un homme, à l'épée glorieuse, à la main de fer, à la volonté d'acier, arrêta le torrent. Comme à Rome, la démocratie française triomphante abdiqua entre les mains de César. »

L'auteur passe ensuite en revue les gouvernements qui se sont depuis succédé en France et il conclut :

« La perpétuelle instabilité de nos institutions politiques, tel a été le résultat final du serment du Jeu de Paume et de la prépondérance donnée à l'opinion en 1789. »

Triomphe funeste, impuissant et menteur de la

démocratie, qui s'accomplit au prix de la liberté, car « on voudrait en vain se le dissimuler, l'opinion est aussi oppressive que les intérêts... »

« C'est précisément à raison des exagérations, des emportements et des représailles auxquels les partis peuvent se livrer, qu'il est bon, qu'il est nécessaire que les collectivités, mues par leurs intérêts, s'élèvent à côté d'eux ou échappent à leurs fièvres, pour servir de modérateurs. Et de même il est indispensable que les élans généreux, les illusions, si l'on veut, des partis ou de l'opinion s'interposent pour atténuer les effets et réprimer les empiètements du froid égoïsme des intérêts. »

Cette première partie de l'ouvrage se termine par une comparaison entre l'Angleterre et la France.

Peut-être l'idéal des Constituants était-il la monarchie anglaise. Ils n'ont réussi qu'à mettre « le trône à terre, exposant le monarque et le pays, sans aucune sorte d'abri ou de soutien à tous les courants de l'opinion ».

« Telle ne fut jamais la situation de l'Angleterre. Là, le Roi ne s'est jamais trouvé seul en face de la démocratie. Le clergé y possède encore une puissante hiérarchie et de riches dotations ; la noblesse y conserve, outre d'immenses domaines, des privilèges considérables transmissibles par succession ; une très large part y est faite à la propriété territoriale, à la fortune, aux corporations ; les intérêts, en un mot, n'y sont pas rejetés dans l'ombre comme des éléments sans valeur ou même nuisibles. Ils jouent donc leur rôle naturel et ce rôle est double : d'une part, il sert de contre-poids à l'autorité royale ; d'autre part, il est un frein pour les mouvements de l'opinion.

« Nul ne soutiendra que, par l'effet de cette constitution certainement aristocratique, les Anglais ont moins de liberté que nous. C'est qu'en conservant leur vieille Charte, le respect de l'autorité, le sentiment de l'importance et de la nécessité des intérêts dans le mécanisme social, ils ont à la fois conservé le frein et le gage de leur liberté et assuré la stabilité de leurs institutions. C'est pourquoi, si le supplice de Charles Ier et le bannissement des Stuart furent des atteintes violentes à leur constitution, ses autres éléments essentiels ayant été respectés, ces événements sont restés, pour ainsi dire, à l'état d'accidents et n'ont pas plus arrêté sa marche qu'entravé la liberté du peuple ou le développement de la prospérité et de la grandeur nationale ! »

Le deuxième partie de l'ouvrage est en quelque sorte la .« démonstration expérimentale » des principes posés dans la première. Elle consiste en une revue des différents systèmes de représentation successivement adoptés en France. Tour à tour M. Catta étudie les assemblées délibérantes d'avant 1789, puis la Constituante et les assemblées de la Révolution, les systèmes du Consulat et de l'Empire, la Restauration et le gouvernement de Juillet, enfin le suffrage universel depuis 1848. Au mérite d'une concision qui est à elle seule la preuve d'un travail considérable et d'une science sûre d'elle-même, ces pages allient celui d'une clarté non moins grande de pensée et d'expression. On a là un précis de droit constitutionnel particulièrement original.

Fidèle au plan et à l'idée de son ouvrage, M. Catta

recherche comment dans chaque système de représentation les intérêts et l'opinion ont eu leur expression. Il démontre que ces systèmes n'ont été réellement ment féconds que dans la mesure où une juste part y fut faite aux collectivités et à un élément pondérateur qui maintint l'harmonie entre les intérêts.

C'est seulement à la lueur de ces principes solidement établis par une étude historique consciencieuse, que, dans une troisième partie, l'auteur propose la solution du problème par le principe de la représentation des intérêts. Mais à ses yeux la seule représentation des collectivités ne suffirait pas à apporter l'ordre, la paix, ni la justice dans le gouvernement du pays : la paix, parce que les collectivités ont le plus souvent des intérêts opposés, — la justice, parce que, s'il importe que tous les intérêts soient représentés, il faut aussi que toutes les personnes le soient, et que nombreuses peuvent être celles qui n'auraient place dans aucune des catégories sociales prévues.

La première de ces objections, M. Catta pensait qu'elle ne pouvait être résolue que par une monarchie héréditaire, suffisamment forte et indépendante des partis pour assurer la paix entre les éléments divers qu'elle représente tous (1). Mais son ouvrage étant conçu en dehors de toute préférence politique, il n'aborde pas de front cette question, laissant ses

---

(1) Telle était la pensée de M. le comte de Chambord et de toute l'école sociale royaliste qui s'est formée à ses principes. Voyez notamment l'intéressante brochure de M. de Lamarzelle sur *L'OEuvre sociale de Charles Lecour-Grandmaison.*

idées sur ce point transparaître pour ainsi dire d'elles-mêmes.

Quant à la seconde objection, on y pense moins et le plus grand mérite de l'ouvrage du comte Catta est peut-être de l'avoir posée et résolue. Pour assurer avec la représentation des intérêts celle de toutes les personnes, il propose ou de constituer une chambre représentative de l'opinion, élue au suffrage universel, à côté de l'assemblée des conseils émanants des collectivités, — ou de donner aux représentants des collectivités la moitié des sièges dans les deux chambres, et aux députés de l'opinion l'autre moitié. De la sorte le problème serait résolu : *tous les intérêts* seraient représentés ainsi que *toutes les personnes*.

L'originalité de l'ouvrage de M. Catta est là. L'idée a été reprise depuis. Nous n'en trouvons pas trace dans les ouvrages publiés avant 1890 sur la question de la représentation des intérêts.

Nous devons renoncer à indiquer quelles lumineuses applications il fait du principe ainsi dégagé à tous les degrés de l'organisation représentative. *Le Régime Représentatif* apporte des solutions originales, mais sûres — parce qu'elles ne sont que les résultats de l'observation des réalités et des faits de l'histoire — aux problèmes sur lesquels tant d'écoles discutent encore stérilement : vote des femmes, assemblées locales décentralisées, représentation du clergé, etc.....

M. Catta reçut au sujet de ce travail les appréciations les plus flatteuses. Il fut surtout sensible à la lettre que lui écrivit M. Charles Lecour-Grandmaison qui devait lui-même prêter tout le concours de son talent et de sa haute compétence à la diffusion des mêmes principes.

La Boissière-du-Doré, le 27 septembre 1890.

Cher Monsieur,

Je viens de profiter de mes vacances pour lire la remarquable étude que vous venez de publier dans la *Revue des Institutions* et je tiens à vous adresser mes bien sincères félicitations. Vous avez traité certainement la question la plus intéressante de la politique moderne, et l'analyse si pénétrante que vous faites de notre système électoral est pleine d'actualité. C'est le gros problème et vous indiquez admirablement quelle devrait être la solution.

La représentation spéciale des intérêts, ce devrait être de la part des conservateurs un objectif constamment poursuivi ; sur ce terrain on pourra rallier des hommes d'opinions opposées aux nôtres, et j'attends avec impatience la fin de votre travail.

Tout dernièrement au congrès de Liège, la question a été discutée en conversation particulière avec quelques-uns des hommes d'Etat autrichiens et allemands qui s'y trouvaient. Pour les Belges qui sont menacés du suffrage universel, la chose est à l'ordre du jour, mais, pour nous qui en jouissons depuis 40 ans, elle n'est pas moins intéressante.

Veuillez.....

Ch. Le Cour.

C'était pour l'auteur du *Régime Représentatif en France* un véritable honneur que de se rencontrer sur le terrain politique avec M. Lecour-Grandmaison.

On sait quelle haute compétence cet esprit distingué apportait à l'étude de ces questions politiques et sociales.

La synthèse de l'œuvre hardie de reconstruction sociale qu'il avait conçue autour de la monarchie, n'est plus à faire (1). La représentation des intérêts, dont il avait cherché une première réalisation dans les Conseils du Travail, en était l'un des principaux éléments. N'est-il pas remarquable que la vulgarisation, sinon l'idée première de ce système, ait été due en grande partie à deux royalistes que l'on ne manqua pas de taxer d'étroitesse d'esprit et qui pourtant surent allier la plus grande largeur de vues, les conceptions les plus hardies aux principes les plus fermes et les plus arrêtés. Un régime qui n'utilise pas de tels hommes est à plaindre. Leur œuvre, à laquelle il manqua l'appui du pouvoir, reste la preuve de la supériorité et de la fécondité sociale de l'idée monarchique.

L'une des lettres que reçut M. Catta à l'occasion du *Régime Représentatif* et qui émanait d'un sénateur de la Vendée se terminait par ce vœu qu'il entendit souvent formuler : « Puissiez-vous faire partie un jour d'un corps constituant et mettre ainsi à profit les lumières que vous avez recueillies. »

On le reconnaîtra sans peine, M. le comte Catta avait bien des titres qui lui eussent permis de briguer un mandat de député ou de sénateur. Sa science du

____

(1) *L'Œuvre sociale de Charles Lecour-Grandmaison*, par M. de Lamarzelle.

droit et son éloquence, unies aux réelles affections que lui avaient conquises en Loire-Inférieure la noblesse de son caractère et la dignité de sa vie, l'auraient rendu digne d'occuper une place au Parlement.

Ce poste d'avant-garde, dans son besoin d'activité et de dévouement à la chose publique, il eut sans doute le très légitime espoir de l'occuper un jour. Ses amis lui firent part à plusieurs reprises de leur désir de le voir se présenter.

« M. Catta, — écrivait à un ami dévoué l'une des personnalités politiques de la Loire-Inférieure, — ne doit pas hésiter à se mettre sur les rangs, quand bien même il se trouverait, comme c'est inévitable, en présence de concurrents sérieux... »

« Depuis longtemps, écrivait aussi un conseiller général de Nantes, à mon sens, la place de notre remarquable ami est indiquée soit au Sénat, soit à la Chambre, où l'eût immédiatement posé sa noble démission de magistrat... Son parler franc, loyal, sa supériorité intellectuelle et morale, la chaleur communicative de sa conviction y eussent fait prompte justice de l'hypocrisie régnante et lui eussent conquis l'approbation unanime de la vraie France... »

D'autres n'auraient pas attendu de tels avis pour se mettre en avant. M. Catta ne consentit pas à les suivre. Il ne se présenta jamais, ne voulant pas que son nom pût être une occasion de discorde dans son parti.

Il est inutile de rappeler ici les occasions diverses qui s'offrirent à lui et qu'il négligea d'utiliser. Nous ne pouvons cependant ne pas parler d'un incident qui mit particulièrement en relief sa loyauté et son désintéressement.

En 1885, une divergence de vues s'étant produite entre le comité légitimiste de la Loire-Inférieure et les autres groupements conservateurs, une commission dite « Commission des 20 » se forma pour constituer une liste de conciliation. Mais le comité légitimiste ayant maintenu la sienne, la commission voulut lui opposer ses candidats. Elle avait cherché les noms les plus populaires et les plus distingués et avait cru pouvoir, à la suite de celui de M. Keller et parmi des personnalités nantaises très marquantes, inscrire celui de M. Catta. Ce dernier n'y consentit pas. Voici la lettre qu'il écrivit à ce sujet à M. le docteur B., secrétaire de la « Commission des 20 ».

Chiché, par Faye l'Abbesse (Deux-Sèvres), 26 août 1885.

MONSIEUR LE DOCTEUR,

Monsieur le Baron B. G. a bien voulu m'informer que la Commission des 20 m'a désigné pour être porté sur la liste des candidats qu'elle se propose de présenter aux électeurs de la Loire-Inférieure. J'aurais immédiatement répondu à sa communication, si, m'annonçant son départ de Nantes, il m'avait indiqué son adresse...

Assurément l'honneur que me fait la commission en plaçant mon nom à côté de noms aussi hautement recommandables est très grand et je ne saurais assez vivement lui en exprimer ma reconnaissance. J'aurais été profondément heureux si j'avais pu servir de trait-d'union entre les deux partis conservateurs de notre département et je me serais dévoué sans réserve à une œuvre de conciliation qui me paraît si nécessaire.

A défaut de concorde, j'aurais pu hésiter à accepter la candidature si vous me donniez la certitude que M. Keller agrée celle qui lui est offerte; mais, avant de recevoir pareille assurance, il ne me paraît même pas possible d'envisager l'éventualité d'une campagne électorale dont le premier effet serait de me poser en compétiteur d'hommes que j'estime et d'accentuer, à un point de vue presque purement personnel, la division déjà trop regrettable qui s'est manifestée.

Agréez...

CATTA.

Cette attitude fut celle qu'il garda dans des circonstances postérieures, où il refusa d'agir contrairement aux choix d'un comité auquel allait toute son estime.

Il se consolait de cet effacement volontaire en songeant qu'il pourrait, loin des agitations de la politique, se consacrer plus utilement et plus longtemps à l'éducation de ses enfants ; ce suprême espoir devait aussi lui être enlevé.

Il est permis de regretter que le comte Catta n'ait pas été à même de donner sa mesure sur un plus vaste théâtre. Il avait toutes les qualités de l'homme politique et se sentait attiré vers la vie publique autant par ses dispositions naturelles que par son patriotisme. La profonde connaissance que lui avait donnée du cœur humain sa pratique de magistrat et d'avocat, jointe aux consciencieuses études d'histoire auxquelles il s'était livré de bonne heure, lui permettait de porter les jugements les plus nets et du meilleur bon sens sur la politique et les destinées des peuples. Cette claire vue était avivée de toute l'ardeur de sa foi catholique. Il fut un *voyant* au sens où l'avait été Joseph de Maistre. De bonne heure il aperçut l'abîme où les révolutionnaires triomphants menaient la France et de tout temps il pensa que le retour à la tradition catholique et monarchique pouvait seul sauver le pays. Fermement attaché à ces principes, il put donner à sa vie publique, à défaut de succès brillants et de vaste théâtre, l'unité qui manqua à tant d'autres. Egalement opposé aux faux dogmes de 89, à l'omnipotence de l'Etat et au libéralisme orgueilleux, nul ne le vit dévier de la voie sûre où sa foi l'avait engagé. Il ne fut pas de ceux qui confondaient la justice avec la légalité ; la grande idée de sa vie fut le culte du Droit.

Royaliste, M. Catta l'avait été enfant, sans trop s'en rendre compte, par sympathie, par pitié, comme attiré d'instinct vers les grandes causes vaincues. Il le fut jeune homme, quand cette sympathie se fut accrue de sa haine pour les démolisseurs de 1789 et leurs profanations. A cette époque il affirmait ses opinions dans des discussions ardentes avec des amis qui n'ont pas oublié quelle chaleur il mettait déjà à défendre l'œuvre de l'ancien Régime et celle de la Restauration. Royaliste, M. Catta le fut encore en Corse malgré les préférences bonapartistes de beaucoup de ses compatriotes et malgré ses nominations successives de substitut et de procureur impérial.

En 1871, il adresse à M. de Cazenove de Pradines,

qu'il ne connaît encore que de nom, mais dont il apprécie déjà le noble caractère, un intéressant travail intitulé : *la Constitution et l'Assemblée nationale.* Il y démontre que l'Assemblée n'a pas à donner de constitution à la France. Elle ne peut que se borner à *reconnaître* que cette constitution *est* la monarchie héréditaire. Il développe brillamment cette vérité qu'il devait reprendre plus tard dans le *Régime Représentatif* : que les constitutions ne sont pas l'œuvre des seuls législateurs, mais de l'histoire, du caractère des peuples et de Dieu.

C'était, en effet, surtout dans l'étude de l'histoire et l'observation des faits que les convictions monarchiques de M. le comte Catta avaient pris consistance. Son royalisme éclairé n'était donc pas une simple affaire de sentiment.

Toutefois l'ardeur de ses opinions s'était augmentée de tout le respect et de toute l'affection qu'il avait conçus pour l'auguste personne d'Henri V, en qui il voyait la réalisation de son idéal monarchique.

Quelle ne fut pas la douleur de ce royaliste fidèle quand il vit sombrer ces espérances ! De longtemps il avait dénoncé les fautes et percé à jour les manœuvres déloyales dont furent entourées les tentatives de restauration. Un jour il avait écrit à M. de Cazenove une lettre où il le mettait en garde contre les menées de Thiers et de son parti. Que de fois, quand ils se furent rencontrés à Nantes, M. de Cazenove fit part au correspondant inconnu qui était devenu son ami de la douloureuse stupeur que lui avait causée la réalisation des événements prédits

dans cette lettre ! Sa propre loyauté l'avait mal défendu contre les menées des politiques. Et lorsque,
après le vote du septennat, il comprit la vérité, on
sait quelle fut sa douleur. Au Prince qui lui disait en
parlant de ce vote : « Vous m'avez donné le temps
de mourir... » l'héroïque zouave répondit : « Que
ne suis-je mort à Patay ! »

M. Catta n'admit jamais les compromissions qu'on
avait voulu arracher à Henri V. En 1871, lors du
manifeste de Chambord, au sujet de la trop fameuse
question du drapeau, il pensa et dit hautement que
la parole royale était celle de la vérité et de l'honneur.
Il fit plus, et sans s'arrêter aux inconvénients qui
pouvaient en résulter pour sa carrière, il fit parvenir
au Prince, par l'intermédiaire de l'un de ses représentants, M. de Chevigné, la belle lettre qu'on va lire,
écrite de Calvi à une date que nous n'avons pu
préciser davantage.

MONSEIGNEUR,

Il doit être permis à un Français, bien qu'obscur
entre tous, de vous offrir l'hommage respectueux de
son admiration pour le grand acte que vous venez
d'accomplir.

Les habiles disent pourtant, Monseigneur, qu'il est
impolitique et qu'il vous ferme les marches du trône.
Il faut donc mentir pour plaire aux foules et réussir ;
il faut donc tromper amis et ennemis, trahir ses serments
et forfaire à l'honneur pour monter sur le trône de
France ! Ah ! s'il en est ainsi, Prince, reprenez le chemin de l'exil.

Je ne sais si les habiles disent vrai, si la Providence

vous permettra jamais de ceindre votre loyal et noble front de la couronne de vos pères ; ce que je sais, c'est que vous êtes bien le fils de saint Louis, c'est que seul vous êtes l'incarnation de tout ce passé d'honnêteté, de vertus et d'honneur qui s'appelle l'histoire de France.

Mais si Dieu veille encore sur nous, il ne souffrira pas que le droit soit éternellement méconnu. Le réveil se fera dans les esprits, frappés cette fois par le franc éclat d'une parole vraiment royale. Les préjugés tomberont, car vous apparaissez déjà tel que vous êtes, avec votre dévouement, votre principe et votre drapeau. Et rappelé bientôt par les acclamations d'un peuple enthousiaste, vous montrerez aux habiles de nos jours que le plus court des chemins est encore le chemin de l'honneur.

Dieu daigne cependant, ô Roi, veiller sur les jours de votre Majesté et de notre malheureuse patrie. Et lorsqu'il aura assuré le triomphe de vos droits héréditaires, entonnant avec ceux qui vous auront attendu le cantique du vieux Siméon, je pourrai enfin en toute liberté, me dire

De Votre Majesté,
Sire,

Le très humble, très obéissant et très fidèle serviteur et sujet,

A. Catta.

En réponse à cette belle missive, M. Catta reçut la lettre suivante de M. de Chevigné.

Monsieur,

Monsieur le comte de Chambord a été très touché de la lettre que vous lui avez écrite.

Au moment où il vient de resserrer encore plus étroitement autour de lui tous les royalistes dévoués, Monseigneur ne pouvait manquer d'être fort sensible à l'hommage de fidélité que vous lui avez envoyé, et dont il me charge, Monsieur, de vous remercier.

La France entendra, je l'espère, et l'émotion qu'elle a ressentie le prouve, cette parole qui lui montre le chemin de la délivrance et de la grandeur. Si travaillé que soit notre malheureux pays, et après tous les maux qui l'ont écrasé, il comprendra, quand le moment sera venu, tout ce qu'il a méconnu jusqu'à présent. Ce jour-là il sera sauvé et fasse le ciel que nous le voyions bientôt venir !

Agréer, Monsieur.....

A. DE CHEVIGNÉ.

Cet espoir ne devait pas se réaliser. Le 24 août 1883, mourait à Frohsdorf, le prince en qui s'était incarné l'espoir du relèvement national, et qui, s'il ne régna pas effectivement, emporta du moins dans sa tombe la plus glorieuse et la plus royale couronne : celle de l'estime et de l'amour des vrais Français.

D'aucuns pensèrent alors que c'en était fait de tout espoir de restauration monarchique et que, dans les plis du cher drapeau blanc, était à jamais ensevelie la monarchie. Tel ne fut pas l'avis de M. Catta. Persuadé que seul le principe monarchique portait le germe de la résurrection du pays, il se rangea sans hésiter sous la bannière de celui qu'il appelait l'héritier légitime des Bourbons.

Avec une insistance qui ne fut pas sans avoir sa logique et sa grandeur et qui témoigne de l'horreur que lui faisait éprouver toute compromission, toute ombre d'alliage révolutionnaire, il ne voulut pas reconnaître M. le Comte de Paris et salua en la personne de M. le Duc de Madrid le représentant de la pure tradition.

Cette attitude, — qui pourra, aujourd'hui surtout, paraître étrange, — se justifiait pourtant par des considérations tirées du passé quelque peu teinté de libéralisme du Comte de Paris, et aussi par des arguments qui valaient la peine d'être examinés de près, étant tirés du fond même de notre droit national traditionnel. Surtout elle répondait à la tendance générale de cette nature ardente, ennemie de toute compromission, et poussant jusqu'au bout ses principes et ses sentiments chevaleresques.

Une seule objection sérieuse, — dont les événements postérieurs ont encore accru l'importance, — lui pouvait être valablement opposée : celle de l'opportunité. Il semble que M. Catta s'en soit rendu compte. On ne le vit en effet jamais compromettre, par un zèle inconsidéré, une cause qui, pour n'être pas absolument la sienne, s'en rapprochait tant qu'on pouvait les confondre et les appeler toutes deux la cause de la France.

Gardant donc en son cœur ses préférences, et se réservant de les faire valoir dans les conversations qu'il avait sur ce sujet avec ses meilleurs amis et où il atteignait des considérations si élevées, des développements si lumineux et si troublants, il s'abstint de toute manifestation inutile ou inopportune. On le vit s'adonner de plus en plus aux œuvres où il trouvait, avec la joie véritable de rendre aux autres des services immédiats, un moyen de distraire sa pensée du sombre avenir qu'il prévoyait.

L'une de ces œuvres, celle qui absorba ses dernières forces et où il donna le mieux sa mesure, — fut l'organisation à Nantes du *Comité de Défense Religieuse*.

C'était en l'année 1901. La loi qui, — selon l'expression de M. Catta dans l'un de ses discours, — « porte pour titre loi sur les Associations, mais qui devrait s'appeler loi contre les Associations religieuses », n'était pas encore votée ; la discussion en commençait au Parlement et l'issue des débats ne semblait pas douteuse. Un groupe de jeunes gens, anciens élèves des « Frères de Bel-Air », s'émurent de la situation qu'allait créer à leurs anciens maîtres et à tous les religieux cette loi de proscription, première étape dans la voie de la persécution ouverte et violente. Ils résolurent de s'opposer de toutes leurs forces à ce mouvement anticatholique, antifrançais, contraire aux sentiments de leur race comme aux vrais intérêts du pays. Ils voulurent créer dans la région nantaise un mouvement de protestation et organiser sur de solides bases l'opposition rendue plus nécessaire que jamais par la loi qui allait être votée.

Leur première démarche fut d'aller voir M. Catta, de lui soumettre leur plan et de lui demander de se mettre à leur tête. Séduit par le bel enthousiasme et l'énergie de cette jeunesse confiante, ce dernier n'hésita pas. De longtemps il sentait la nécessité de

grouper en Loire-Inférieure les forces catholiques.
Il savait que son appel serait entendu, que ce projet
était d'ailleurs plus ou moins inconsciemment dans
tous les esprits. Il convoqua donc en plusieurs réunions l'élite catholique de Nantes et de la région,
et exposa le projet des jeunes gens qu'il avait fait
sien : grouper, « sans dictinction de partis,.... tous
les cœurs de bonne et loyale volonté » et organiser
l'opposition catholique. Cet appel fut entendu. Le
Comité de Défense Religieuse fut fondé, réalisant à
merveille le plan qui peut-être paraissait téméraire à
quelques-uns, et M. Catta fut acclamé président.

Une circulaire fut répandue au bas de laquelle se
lisaient à la suite de celui du président les noms
suivants, gage de l'union réalisée entre tous les
partis et toutes les situations sociales :

L. Arnous-Rivière, officier supérieur en retraite ; —
R. Delafoy, industriel, ancien juge au Tribunal de
Commerce ; — G. Ouvrard, entrepreneur de char-
pente ; — Mis de Ternay, Conseiller général ; —
Elie Bardoul ; — F. Libaudière, ingénieur civil,
conseiller municipal ; — J. Polo, conseiller d'arrondissement ; — P. Thibaud, ancien Bâtonnier, ancien
conseiller municipal.

Ce comité ne tarda pas à prendre une grande
importance. Des sections diverses furent créées,
avec une organisation parallèle de dames. Aucun
moyen de propagande ne fut épargné. Des conféren-
ces de quartier furent organisées, des tracts composés
par le Comité lui-même et répandus dans le peuple,
des pétitions lancées dans tous les milieux. Bref, il y

eut là une organisation exceptionnellement active dont l'influence et l'esprit ont survécu à son fondateur. Ce qu'il faut surtout noter, c'est la constante union, c'est l'harmonie parfaite réalisée entre des hommes qui appartenaient à des partis et à des comités politiques différents mais que suffit à réunir, en vue du but commun de défense religieuse, le tact parfait de celui qu'un journal de gauche appela pourtant un jour « le Saint-Just de la Droite ».

La passion et le parti pris politiques ont pu seuls inspirer cette amère ironie. Qu'eut donc de commun avec le jacobin impie l'homme de bien dont le nom reste attaché à l'œuvre d'union et de défense religieuse que nous venons de rappeler ? Il sut se tenir aussi loin du fanatisme que des concessions inutiles et des hypocrisies libérales. Son œuvre reste la preuve que l'union n'est pas incompatible avec la fidélité aux principes, et que la défense religieuse n'a rien de commun avec la défense républicaine.

Ses idées purent paraître rétrogrades. Il poussa jusqu'à leurs conséquences extrêmes sa foi catholique et sa fidélité politique. Il resta l'homme du passé. Sa vie n'en fut que plus belle et plus féconde. Pourquoi chercher d'autre preuve que ce passé contient les germes de salut ?

IX

Vertus de l'homme privé. — Épreuves suprêmes. — La dernière maladie. — La Mort. — Les Témoignages.

L'obligation de retracer les œuvres publiques de M. Catta nous a empêchés de nous arrêter à considérer en lui l'homme privé, le père de famille dont il faut révéler l'exquise tendresse si nous voulons garder de lui un portrait complet.

Après les quatre enfants que nous avons déjà nommés, une nouvelle tête blonde était apparue en 1888 à ce foyer béni de Dieu. Mais le doux sourire du petit *Joseph-Salvator* n'était pas pour ce monde, et dès l'année suivante, le 5 juin 1889, cet ange prenait son vol pour le ciel. Est-il besoin de dire le chagrin des parents, comme aussi leur chrétienne résignation ?

Nous en trouvons l'écho dans cette note, écrite par M. Catta à l'occasion de ce deuil.

« Dieu nous a repris ce qu'il nous avait prêté l'année dernière. Notre Joseph-Salvator s'est envolé au ciel ce matin à 10 heures... Mon cœur ne trouve point encore

la consolation ; à peine si je parviens à la résignation...
Dieu n'est-il pas le maître cependant ? Ne faut-il pas
que sa volonté soit faite toujours, partout et en toutes
choses ? N'est-il pas vrai que, comme nous l'écrit notre
bon évêque, s'il y a un enfant de moins sur la terre, il y
a un ange de plus dans le Paradis ? et cet ange c'est
notre fils !... Que Dieu soit donc loué et qu'il pardonne
au père l'amertume de ses larmes !... »

Le 4 décembre 1889, ce vide était comblé par la
venue d'une seconde fille, *Marguerite-Barbe-Jeanne*,
et deux ans plus tard, le 8 novembre 1891, par celle
d'un quatrième garçon qui reçut en souvenir de
l'ange envolé le nom de *Joseph*, auquel on ajouta
ceux de *Marie-Emile*. — Le 12 juin 1893 naquit un
cinquième garçon, *Roger-Paul*, — puis *Henri-Béné-
dict*, le 21 mars 1895, — *Bernard-Jules-Louis*, le
25 septembre 1896, — et enfin, huitième garçon et
dixième enfant, *Etienne-René-François de Sales*, le
16 mai 1901, jour de l'Ascension.

Quel jolie couronne, — pour employer l'expressif
langage populaire, — faisait à M. et Mme Catta cette
nombreuse famille ! Mais quelle tristesse et quelle
angoisse pour la mère quand disparut celui en qui
ces enfants, — dont la plupart étaient encore si
jeunes, — auraient trouvé l'appui, le guide, dont
ils étaient désormais séparés !

Il leur reste, il est vrai, une mère héroïque,
et aussi l'exemple de la vie de leur père et l'inaltérable confiance en la Providence qui lui dictait
lors de la naissance du dernier de ses enfants ces
lignes admirables :

« ... Quelle lourde charge que celle d'élever et de conduire, surtout dans des temps aussi difficiles, ces huit garçons et ces deux filles ! Et cependant je n'en sens aucune appréhension nouvelle. Nous avons, ma femme et moi, comme le sentiment d'un surcroît de grâces, de la part de la divine Providence. Nous sommes dans la sérénité et nos autres enfants sont dans la joie. »

C'était bien en effet la joie qui régnait à la table de famille, entourée de tous ces jeunes et riants visages et où s'éclaircissait vite le front du père, assombri par les travaux et les fatigues de sa journée si remplie.

Aux vacances, dès que le collège avait fermé ses portes, toute la bande joyeuse s'envolait vers le délicieux bocage vendéen où s'ouvrait toute grande une hospitalière maison. C'étaient alors des jeux, des courses folles, des expéditions dans le parc qui renferme les ruines d'un château féodal, des promenades aux sites pittoresques du pays, dans les chemins creux de cette Vendée dont si souvent M. Catta évoquait les grands souvenirs.

Depuis, malgré son aspect riant et le charme qui l'enveloppe, la vieille maison n'est plus la même. Trop de places y restent vides. Elle a connu, elle garde ces souvenirs navrants... les départs, les sépations définitives, la mort.

Comment cette plaie pourrait-elle se fermer ?... Qui dira la tendresse que révélait aux siens ce visage austère ?...

Dès qu'il est absent de ce foyer, de ces enfants qui

sont toute sa vie, une mélancolie profonde l'envahit, dont il ne peut se défendre.

Un soir, il est à Rennes où il est allé plaider. C'est le jour des Rois. Il revoit en pensée la table de famille, où sa place est restée vide, et il écrit :

« ..... Au gâteau j'ai pensé à vous tous, mes bien aimés, et silencieusement j'ai levé et vidé mon verre à votre santé... Que Dieu, qui est le Père avant le père, vous tienne tous en sa sainte et digne garde. Moi, je m'endormirai en pensant à vous et en vous serrant tous sur mon cœur. »

Il s'occupait avec une tendresse et une sollicitude infinies des moindres détails de la vie quotidienne du foyer. Il veillait soigneusement à ce que tous les anniversaires de famille fussent fidèlement observés et il organisait, à ces occasions, de petites fêtes intimes où chaque enfant disait les poésies que la verve charmante de son père adressait à ceux qu'il voulait fêter.

Nul ne comprit mieux que lui le grand devoir de l'éducation. Il savait, à l'occasion de telle ou telle circonstance, éveiller ces jeunes intelligences, comme aussi former leurs cœurs, leur inculquer des goûts élevés, les tourner tout de suite vers l'idéal. Il réussit à leur faire entrevoir cette grande image du Devoir qui avait dominé toute sa vie et qu'il voulait aussi laisser comme but suprême à celle de ses enfants. Ceux-ci ne perdront pas le souvenir de cette autorité paternelle, inflexible sans doute sur tout ce qui touchait aux principes du Bien, de l'Honneur, de la Morale et du Devoir, exigeant qu'on rendit d'abord à Dieu ce qui appartient à Dieu ; mais ils sauraient dire aussi quels trésors de patience, de douceur et de bonté leur furent révélés par le cœur de leur père.

Cette bonté et cette douceur, M. Catta les savait faire passer dans toutes ses relations. Les fidèles amis qui lui survécurent ont tous rendu hommage à son exquise tendresse. Partout où il passa il laissa le souvenir d'une âme aussi bonne que ferme. En son pays de Corse qu'il avait pourtant quitté depuis si longtemps, sa mort occasionna des regrets douloureux, qui durent encore et dont il fut maintes fois donné à ses fils de recueillir l'expression.

Homme d'intérieur et d'étude, aimant avant tout son foyer et absorbé dans ses travaux, le comte Catta fut néanmoins l'homme du monde le plus accompli et le plus sociable.

Ne se livrant pas à tout le monde et choisissant ses relations, il plaisait par la distinction de ses manières et le tour élevé qu'il donnait tout de suite à la conversation. Il savait à l'occasion laisser libre cours à sa vivacité d'esprit, à sa verve ironique et mordante, mais toujours charitable. Cependant on peut dire que ses relations mondaines furent, comme les autres côtés de sa vie, dominées toutes et imprégnées d'un caractère de gravité et de grandeur morale. Il eût détonné dans des milieux futiles et mesquins, cet homme dont toute l'existence ne fut qu'un continuel *Sursum Corda*.

On s'imagine aisément quelle dut être la souffrance de cette âme quand Dieu lui demanda le sacrifice de plusieurs de ses enfants. D'avance, nous le savons, ce sacrifice était fait. Il n'en coûta pas moins à ces parents dont le sens chrétien n'avait pu qu'aviver la tendresse.

En octobre 1900, leur fils aîné manifesta le désir d'entrer dans la Compagnie de Jésus. M. Catta avait légitimement fondé sur lui les plus brillants espoirs. Cette vocation se déclarait subitement, après un an de préparation à l'Ecole Polytechnique, mais tous les signes de l'appel divin s'unissaient, de l'avis des conseillers les plus éclairés et les plus saints. M. et Mme Catta s'inclinèrent, malgré leur souffrance, et, le 8 octobre 1900, leur fils Jean partait pour Laval.

Ce même jour, M. Catta écrivait :

« Jean est parti aujourd'hui, à midi 25, pour se rendre à Laval, où il entrera au noviciat des Pères Jésuites... Son sacrifice a été complet. Il s'est détaché de tout ce qu'il aimait avec une sérénité qui nous a fendu l'âme. Le nôtre, à sa mère et à moi, a été amer et angoissé. Nous l'avons fait pourtant sans restriction, ni réserve. Dieu est le maître. Nos enfants sont à Lui. Si donc il lui a plu d'appeler notre premier né dans cette voie, nous n'avons qu'à nous incliner, à le bénir et à nous en glorifier. Qu'il daigne du moins bénir notre Jean et ceux qu'il laisse derrière lui et nous donner force, courage et paix ! ».

Quelques jours avant, alors que ce départ, quoique décidé, n'était pas encore accompli, il écrivait à Mme Catta :

« ... J'ai toujours cru que ce me serait un véritable bonheur toutes les fois qu'un de nos enfants si chers se consacrerait à Dieu ; je lui avais même offert notre Jean comme la prémice la plus digne ; lorsqu'il manifesta le désir de rester dans le monde j'en fus, sans vous l'avoir jamais dit, contrarié dans mon for intérieur ; le voilà qui se consacre à Lui et mon cœur en est déchiré ! Pourquoi ? Je ne saurais le dire ; mais il en est ainsi. Néanmoins je me dis : si de notre premier né Dieu veut faire un saint, un bon ouvrier de ses œuvres, ne serions-nous pas payés de nos peines, de nos sacrifices, n'en serions-nous pas récompensés largement dès ce monde ! Voilà ce que je me dis et la sérénité, à ce point de vue du moins, revient dans mon âme... »

On le voit, le sacrifice était fait généreusement, mais de quelles larmes en fut augmentée la valeur !

Les événements allaient encore aggraver cette épreuve. En août 1901, ne voulant pas solliciter une autorisation qui d'ailleurs leur eût été refusée, les Pères Jésuites durent transporter leur noviciat de Laval à Jersey. C'était l'exil. L'avenir se noircissait des plus sombres présages. Qu'allait devenir l'Eglise de France, et quel sort attendait ces jeunes victimes qui venaient de se consacrer au Dieu dont les puissants du jour ne voulaient plus ?

Le jour du départ de son fils, M. Catta qui, à Saint-Malo, a assisté à son embarquement pour Jersey, écrit cette phrase douloureuse : « Il me semble que Jean emporte mon cœur. »

Et un peu plus tard, en novembre de la même année : « ... Que vaudrait l'oblation de mon fils aîné à Dieu, si elle ne me coûtait un peu ?... »

De fait, à partir de ce moment, on put s'apercevoir qu'il portait un front plus soucieux. Plus souvent que par le passé ses yeux brillants, profonds, semblèrent perdus dans de tristes rêveries. Que se passait-il en lui ? Quelles tristesses nouvelles voyait-il dans l'avenir ? Sentait-il déjà les forces de la vie l'abandonner ?

Oui, son cher exilé avait emporté son cœur et sans doute il pressentait les nouveaux sacrifices, les épreuves suprèmes que Dieu allait bientôt lui envoyer.

L'année suivante en effet leur fille Marie faisait part à M. et Mme Catta de son désir d'entrer au monastère de la Visitation de Nantes. De longtemps, M. Catta était le conseil de cette maison qui lui avait donné à lui et à sa famille les preuves du plus délicat attachement. Et c'était ce monastère que choisissait Mlle Catta comme le nid où elle voulait abriter, près du Sacré-Cœur, sa vie et son propre cœur. Logiques avec eux-mêmes, avec leur foi et tout leur passé, ses parents ne mirent aucun obstacle à cette vocation. Ils crurent néanmoins prudent de repousser quelque peu l'exécution de ce désir et demandèrent à leur fille d'éprouver sa vocation par ce léger retard.

Mais, dès ce moment, M. Catta avait fait à Dieu le sacrifice de sa fille. Le 2 novembre 1901 il écrivait à la Révérende Mère Supérieure de la Visitation de Nantes :

« Ma très bonne et très honorée Mère,

« .... Pour mes enfants, comme pour ma femme et pour moi, le temps des grandes résolutions et des déchirements aussi est venu. Priez Dieu de nous aider lui-même à supporter toutes les épreuves que vont nous amener presque chaque année les séparations et les vocations diverses de nos enfants. Vous savez où l'amour du Divin Maître a conduit notre Jean ; vous connaissez l'attrait qui s'est emparé de Marie..... Je lui remettrai votre lettre, me rendant ainsi complice de l'attraction qu'elle subit. Si votre doux Jésus la veut pour lui et qu'il faille la lui conduire un jour, j'aurai savouré dès les premiers jours et comme goutte à goutte les amertumes de la séparation qui ne sont pas, même maintenant, je dois l'avouer, sans quelque douceur. Je pourrais être jaloux d'un mari, je ne saurais l'être de mon Dieu... »

N'est-ce pas là la foi et l'amour des Saints ?...

Ce fut sur ces entrefaites, au milieu de l'année 1902, que le comte Catta ressentit les premières atteintes du mal qui devait l'emporter. Déjà, à plusieurs reprises, notamment au mois de novembre de l'année précédente, il s'était senti subitement très faible. Son teint s'était étrangement altéré, les forces l'avaient complètement abandonné pendant quelque temps. Mais son énergie avait vite surmonté ces instants de fatigue. Autour de lui, on lui conseillait de se reposer, d'abandonner le barreau, le conseil municipal, de se borner à une vie tranquille qui d'ailleurs aurait été suffisamment remplie par l'éducation de ses enfants. Il ne le voulut pas. « Vivez bien longtemps, lui écrivait son excellent et fidèle ami, M. l'abbé Pothier, pour être la voix de vos enfants, et protester avec les rares simples et honnêtes gens contre toutes les apostasies de ce temps... » Ce vœu hélas ! ne fut pas exaucé.

M. Catta ne consentit pas à prendre le repos dont il avait tant besoin. Les œuvres multiples dont il s'était chargé, le conseil municipal aux séances et aux travaux duquel il était toujours des plus assidus, le comité de défense religieuse qui l'absorbait de plus en plus, et surtout son cabinet d'avocat qu'il tenait à conserver jusqu'au moment où son second fils, qui faisait alors son droit à l'Université Catholique d'Angers, pût venir en partager la charge avec lui, tout cela constituait comme un engrenage dont il ne pouvait se dégager. Son labeur, loin de diminuer, ne faisait que devenir plus intense. La recrudescence de la persécution religieuse, due à l'application de la loi de 1901, lui avait amené de nouvelles affaires et de plus graves préoccupations. Il était le conseil de l'Évêché, l'avocat de la presque totalité des établissements religieux et des congrégations de la région. Bref, la tâche était trop lourde et, comme la plupart de ceux avec lesquels il avait mené le bon combat, il tomba sur la brèche, ne devant goûter qu'au ciel un repos dont il n'avait pas voulu en cette vie.

M. Catta n'était pas de ces hommes qui ne peuvent accorder la pratique extérieure de leur vie avec leur foi intime. Catholique convaincu, il fut un pratiquant et un fervent. Il avait les habitudes de piété les plus solides, dont la principale était la messe quotidienne. Ayant le sens de la vraie vie catholique, il trouvait dans la liturgie sacrée des beautés infinies. Les professeurs auxquels il avait confié ses fils se rappellent avec quelle fidélité il venait tous les dimanches assister à la grand'messe et aux vêpres dans la chapelle du collège (1).

Depuis qu'il était arrivé à l'âge d'homme, pas une année ne se passa sans qu'au soir du 1er novembre il eût récité en entier l'office des morts. Il trouvait dans les offices de la semaine sainte une poésie et un charme dont il ne se lassait pas.

Par une permission de la Providence qui voulut sans doute ainsi récompenser sa ferveur, ce fut dans la demeure de Dieu qu'il eut à soutenir le second et plus terrible assaut du mal qui devait le terrasser.

Le Vendredi Saint de l'année 1902, il assistait à l'office de la Cathédrale, quand il fut pris tout à coup de faiblesse. Il ne put qu'avec peine rentrer chez lui et s'alita. Quelques jours après survenait une syncope, et l'état du malade s'empirait avec une telle rapidité que les médecins le déclarèrent bientôt désespéré.

En toute hâte, la famille angoissée se réunit. L'exilé lui-même obtint de venir apporter au malade la suprême consolation de revoir son fils aîné avant de mourir.

M. Catta s'était immédiatement rendu compte de la gravité de son mal. Il demanda lui-même à recevoir l'Extrême-Onction. Ce sacrement lui fut administré par M. l'archiprêtre Gaborit, curé de la Cathédrale, qui en même temps lui apporta le Saint-Viatique. Le soir de ce même jour, sans crainte du surcroît de fatigue qu'allaient lui apporter ces émotions nouvelles, et domptant sa faiblesse par une suprême

____

(1) Le collège Saint-Stanislas de Nantes.

énergie, il appela successivement chacun de ses enfants, les fit agenouiller au pied de son lit et tint à
leur donner sa bénédiction. Répétant pour chacun
d'eux un geste qui lui était familier, il leur traça sur
le front le signe de la croix, et laissant sa main appu-
yée sur leur tête, il les bénit, leur parlant longuement,
leur donnant des conseils qu'on aurait dit murmurés
par les lèvres d'un chrétien des temps primitifs.

Aux aînés il recommanda leurs frères plus jeunes,
dont ils devaient être à sa place les soutiens et les
guides. Il leur parla de leur mère qu'il leur restait
à consoler. Revenant sur sa propre vie, il leur
redit une fois de plus quelle absolue confiance il
fallait avoir en la Providence de Dieu qui jamais ne
l'avait abandonné. « Va droit, Dieu garde ! », leur
dit-il, « c'est la devise que je vous laisse avec ce titre
que le Pape nous a donné et que vous comprendrez
comme il faut le comprendre, non comme une vaine
marque d'honneur, mais comme une obligation de
fidélité à l'Eglise... »

A sa fille Marie, dont l'entrée en religion semblait
par sa maladie indéfiniment reculée, il dit :

« Courage, confiance ; qu'il donne, qu'il ôte, qu'il
éprouve, qu'il console, c'est toujours Lui, Notre Seigneur... Avec celui de mes enfants, un de mes derniers
souvenirs sera pour la Visitation... Sois bénie, mon
enfant, petite fiancée du Seigneur. Quoi qu'il arrive,
retrouvons-nous là-haut... Prie pour ton père... »

Ce geste suprême de la bénédiction paternelle
accompli, M. Catta attendit avec résignation et foi

la volonté de Dieu. Mais la mort ne devait pas encore venir ; d'autres épreuves attendaient ce fier chrétien.

La nouvelle de cette maladie avait causé à Nantes la plus vive émotion. Une foule d'amis s'empressait à la maison de la rue Royale. Des adversaires politiques, des confrères qui tous ne partageaient pas les mêmes idées vinrent souvent s'informer d'une santé précieuse pour tous. Des hommes du peuple, des inconnus auxquels sans doute il avait rendu service sans qu'on en sût jamais rien, venaient aussi. Monseigneur Rouard, évêque de Nantes, tint à lui apporter le réconfort de sa bénédiction. Entre tous ces témoignages, la famille de M. Catta a gardé très précieusement le souvenir de l'ami fidèle, que déjà nous avons nommé plusieurs fois, M. l'abbé Pothier. Très souffrant lui-même et marchant avec peine, se traînant presque le long des maisons, il vint tous les soirs s'informer de ce qu'avait été la journée. Il fallait le porter pour monter et descendre l'escalier. Un jour, comme il sortait de la chambre du malade il dit avec une émotion qu'il ne pouvait contenir : « Quel chrétien, celui-là !.. Avez-vous vu son regard ? Comme il est lumineux... Ah ! il voit plus loin que nous, allez !.. »

Ce fut à cette amitié fidèle que M. Catta dut de recevoir la bénédiction du Saint-Père. Un télégramme l'apporta le 7 juillet. Il était ainsi conçu :

« Saint-Père bénit affectueusement M. Catta, sa femme, ses enfants ».

Mgr PIFFERI, évêque sacriste.

Nous avons dit que le jour marqué par Dieu n'était pas encore venu. En effet, des alternatives de mieux et de pire se produisirent. Puis le mieux parut l'emporter et une convalescence trompeuse commença, entrecoupée de crises où le danger semblait reparaître subitement tout entier.

Les élections législatives du mois de mai 1902 ne pouvaient laisser insensible l'homme de combat qu'avait toujours été M. Catta. Il souffrait vivement de l'inaction à laquelle il était condamné. Le candidat sur le nom duquel les catholiques devaient s'unir était M. le docteur Joüon, l'ami, le compagnon de lutte, l'un des médecins qui le soignaient avec tant de dévouement. M. Catta ne put se résigner à ne pas au moins aller porter son vote à celui qui soutenait sans lui tout l'effort du combat. Trop faible pour marcher, il se fit conduire en chaise à porteurs au bureau du vote. Elle dut se trouver quelque peu étonnée la vieille et fine chaise Louis XV que prêta pour cette occasion une famille amie ! Etonnés mais surtout émus furent ceux qui assistèrent à ce courageux effort et à ce bel exemple...

Le 18 mai, jour de la Pentecôte, M. Catta donna une autre preuve d'énergie en une circonstance où apparut aussi toute sa sollicitude paternelle.

Ce jour était celui de la Première Communion de son fils Joseph. Surmontant sa fatigue et sa faiblesse, il tint à assister à la longue et émouvante cérémonie. Il marquait ainsi aux yeux de son enfant quelle importance il fallait attacher à ce grand acte. Sa présence fut remarquée et nous savons quelle impression profonde fit sur beaucoup d'assistants ce visage amaigri où se lisaient la souffrance et l'affection paternelle. Sa pâleur accentuait encore l'éclat des yeux qui se fixaient avec une expression indéfinissable sur ce fils tant aimé auquel il avait voulu donner ce dernier gage d'amour de le présenter luimême à son Dieu.

On put penser un moment que le danger était écarté pour longtemps. M. Catta paraissait beaucoup mieux. Il s'accommodait d'un régime qui, sans lui rendre jamais la santé, semblait pouvoir au moins le conserver plusieurs années. Avec quelle énergie il se raccroche à cet espoir ! Comme il voudrait vivre ! Vivre, non pour lui, mais pour les autres, surtout pour ses enfants si jeunes que son départ laissera à la charge d'une mère à qui il a donné tout son amour... Néanmoins, à ce moment comme toujours, en toutes les phases de sa vie, il n'a qu'une volonté : que celle de Dieu s'accomplisse.

Le 24 mai 1902, il écrit à l'un de ses fils :

« ... La règle principale et la force de ma vie a été la confiance en la divine et bonne Providence. Et qu'y a t-il, d'ailleurs, de vrai en ce monde si ce n'est cela ? Tout passe, tout croule, tout s'effondre au moment où l'on croit avoir solidement et presque éternellement construit et consolidé l'édifice. Dieu seul reste... Bien des fois je m'étais dit que votre enfance et votre jeunesse avaient été trop heureuses, vous n'aviez rencontré sur votre chemin ni épines, ni pierres, ou si peu que vous n'aviez pu en être frappés, et je me prenais à craindre pour vous. L'épreuve fortifie et enseigne ; elle vous avait manqué et je redoutais de vous voir entrer dans

la vie sans cette préparation si salutaire et si féconde...
J'ai eu de grandes épreuves dans mon enfance et dans
ma jeunesse, et Dieu sait de quel fruit elles ont été
pour moi. Mais je vois bien nettement et très clairement
le but de celles qu'il m'envoie au déclin de ma carrière.
Chacune a eu pour objet et pour effet de me rapprocher
de Lui, de me rappeler que la vie n'est qu'un passage
très court et très prompt, et très souvent abrégé, et
qu'en somme c'est à Lui qu'il faut tendre sans cesse et
toujours. Le reste n'est rien ou une ombre... »

En mai et juin le mieux s'était accentué. Mais, en
juillet, se produisit une très grave rechute et de nouveau tout espoir disparut. Les médecins ne dissi-
mulèrent pas leur inquiétude : « Humainement,
dirent-ils, tout est fini, ce n'est plus qu'une question
de temps. »

Cependant l'époque des vacances était arrivée.
Comme de coutume, les enfants allaient partir pour
les Deux-Sèvres. M. Catta voulut s'y rendre aussi.
Les médecins consultés le permirent. Le malade était
en état de faire ce voyage. Mais le dénouement fatal,
contre lequel ils avaient dit d'ailleurs qu'ils ne pouvaient plus rien, était à craindre d'un jour à l'autre.

M. et Mme Catta se mirent courageusement en route.

Une fois encore, M. Catta devait donc revoir ce
pays où étaient restés tous les souvenirs de la famille
de sa femme et qu'aimaient tous ses enfants. Une
fois encore, le vieux logis, qui déjà dans le passé
avait vu tant de joies et tant de larmes, devait le
recevoir, et garder dans ses murs un souvenir, un
deuil de plus !

Les premiers jours qui suivirent son arrivée à Chiché (c'était le nom de la vieille demeure), M. Catta éprouva un soulagement sensible, dû sans doute au changement d'air et au contentement qu'il éprouvait de se retrouver au milieu des siens presque au complet. L'une des dernières sorties du malade fut pour l'école des Sœurs qui cette année s'était, grâce à lui, ouverte dans la paroisse ; il put assister à la distribution des prix et y prononcer quelques paroles ; ce fut son dernier discours.

Vers la fin du mois d'août se produisirent d'autres crises qui, une fois de plus, ravirent tout espoir. On le voit, c'était toujours les mêmes alternatives douloureuses.

Condamné à une immobilité presque absolue, M. Catta consacrait la plus grande partie de ses journées à la prière. Son chapelet ne quittait guère ses doigts amaigris. Parfois aussi, il se prenait à crayonner quelques vers. De tout temps il avait aimé à composer des poésies dont beaucoup sont d'une inspiration particulièrement touchante, toujours élevée et d'une grande noblesse d'expression. Cette fois, c'est vers Dieu seul que se tourne sa pensée.

> Chante, chante en ton ivresse,
> Chante, mon âme, au Seigneur,
> Chante un hymne de tendresse,
> Chante un hymne de bonheur.
>
> Quand la tempête est déchaînée,
> Que la foudre luit dans l'air,
> Que ma pauvre barque entraînée
> Ballotte au gré de la mer,

Vers vous, Seigneur, mon âme crie,
Vous daignez tendre la main
Au pauvre enfant qui pleure et prie
Et la foudre gronde en vain.

Les méchants, dans leur folle rage,
S'ameutèrent contre moi,
M'abreuvant d'opprobre et d'outrage,
Comme suivant votre loi.
Vous accourez et leur injures
S'effacent dans le néant,
Comme les eaux les plus impures
Se perdent dans l'Océan.

Si dans mon corps, roseau fragile,
Le mal étend sa fureur ;
Et si mon esprit s'annihile
Dans le doute ou la terreur ;
Si mon cœur enfin se déchire
Dans l'angoisse ou le chagrin,
Que mon âme vers vous soupire
Et le ciel devient serein.

J'ai vu souvent la mort cruelle
Frapper mes êtres chéris ;
Je l'ai vu approcher son aile
De mon corps endolori ;
J'ai vu s'écrouler des empires,
J'ai vu, le cœur ulcéré,
Notre France aux mains des vampires...
Mais j'ai toujours espéré.

O Dieu, jamais une heure sombre
En mes jours, sur mon cadran,
Ne vint, triste, jeter son ombre,
Sans que vers vous s'élevant

Dans les hauteurs toujours sereines,
Où votre bonté se plaît,
Je n'aie trouvé pour mes peines
L'espoir, l'amour et la paix.

Chante, chante en ton ivresse,
Chante, mon âme, au Seigneur,
Chante un hymne de tendresse,
Chante un hymne de bonheur !

Au bas de cette page, la main tremblante du malade a tracé cette date : « *Chiché, 4 août 1902, au cours d'une longue et cruelle maladie* ».

Qu'on nous permette de citer aussi cette pièce touchante qu'il dédie à sa fille Marie.

Tu t'en vas au couvent, ô fille bien-aimée !
Le Seigneur te fit signe et ton âme charmée
Ne trouva plus de paix qu'auprès du Divin Cœur.
Tel accourt à l'appât dressé par l'oiseleur
L'oiseau voyant du ciel le miroir qui scintille,
Et telle vers le pôle où l'étoile d'or brille
Se tourne incessamment l'aiguille à fleur de lys,
Guide sûr du chemin le jour comme la nuit.
A Marthe s'empressant aux sources de la vie
Et gourmandant sa sœur, le Maître a dit : « Marie
Choisit la bonne part. » C'est qu'aussi le Sauveur
Touché de son amour, lui révéla son Cœur.
Ainsi de toi, ma fille. A la voix qui t'appelle,
Tu connus et voulus des deux parts la plus belle,
Et tu vas, l'âme en paix, le front pur et serein,
Plus blanche que le lys, à ton époux divin,
Apporter sans réserve une amour éternelle.
La joie emplit son cœur. Notre peine est cruelle...

Déjà ton frère aîné, suivant la même voix,
Comme toi nous quitta, depuis quelques vingt mois.
Lorsque de nos regards s'éloigne votre image,
Des pleurs brûlant nos yeux mouillent notre visage,
Mais le Seigneur a dit : « Qu'il prenne aussi sa croix,
Et quitte père et mère et s'en vienne après moi,
Celui qui veut me suivre, et moi j'embraserai
Son cœur de feux d'amour et je lui donnerai
Ici souffrance et paix, là-haut joie éternelle. »
Pour vous s'accomplira la promesse immortelle,
Enfants aimés ! Pour nous, dont vous étiez l'espoir,
Qui de nos derniers jours deviez, au dernier soir,
Fermer nos pauvres yeux de votre main chérie,
Tendre rayon d'azur terminant notre vie ;
Nous qui voyons déjà s'accumuler les ans,
D'épreuves surchargés, de frimas et d'autans,
Nous craignons de l'hiver, vous partis, les froidures,
Et de notre foyer les attristants murmures.
Pourquoi nous étonner et nous plaindre et gémir ?
Vous suivez votre voie et devons vous bénir.
Ainsi donc soit-il ! Vous, tout au Dieu qui vous aime,
Parlez souvent de nous, demandez que lui-même
Au flot de son amour abreuve aussi nos cœurs ;
Qu'embrasées par lui, pleines de ses ardeurs,
Au jour par lui marqué, nos âmes, faites belles,
S'envolent toutes deux aux rives éternelles.
Là, retrouvant enfin tous les êtres si chers,
Pour qui furent versés nos pleurs les plus amers,
Et rejoints par vous deux, enfants, et par vos frères,
Au sein du Dieu d'amour, dans ces sublimes sphères,
D'où s'exerce partout l'action de sa main,
Tous unis, nous vivrons le jour sans lendemain.

Ainsi, au plus fort de l'épreuve, le chrétien se
retrouvait lui-même. Comme au milieu des luttes de
sa jeunesse, il dominait les souffrances de son corps

et les angoisses de son cœur, pour s'élever vers Dieu.

Il allait bientôt donner une preuve, encore plus belle s'il est possible, de cette énergie.

Le pèlerinage annuel du Poitou à Lourdes s'organisait. M. Catta voulut y prendre part. Autour de lui personne ne s'opposa à ce désir : on partageait son courage et sa foi. Les médecins ne voulurent pas non plus lui refuser cette consolation suprême qui était en même temps la dernière chance de salut.

Les pèlerins du Poitou de l'année 1902 purent donc voir à Lourdes, dans les premiers jours de septembre, ce courageux malade qui portait sur sa poitrine l'insigne de leur diocèse, la petite croix de métal au ruban jaune et rouge et la carte bleue des hospitalisés. Il passa de longues heures devant la grotte, se fit plonger tous les jours dans la piscine et prit place avec les autres malades sur l'esplanade du Rosaire pour le passage du Saint-Sacrement. Un soir, il revint de cette cérémonie si particulièrement émotionnante, le regard radieux.

« Je le sens, dit-il à ceux qui l'entouraient, j'en ai une conviction absolue, Notre-Seigneur m'a exaucé cette fois !... Est-ce la guérison ? Je ne sais. Peut-être pas. Mais il s'est passé quelque chose de merveilleux. Je puis repartir, heureux, confiant, l'âme pleine d'espérance !... »

Que s'était-il passé entre Dieu et ce serviteur fidèle ? D'où venait à M. Catta cette paix surnaturelle, qui jusqu'à son dernier soupir inonda dès lors son âme ?.. Il ne pensait pas lui-même avoir obtenu sa guérison, et il disait pourtant : ma prière a été exaucée, Dieu m'a béni, et tous les miens...

Il emporta de ce voyage une impression de calme, un espoir invincible en la miséricorde divine sous quelque forme qu'elle se pût manifester. Il est permis de penser que, touchée de sa foi vive et de son courage, la Vierge de Lourdes lui obtint l'assurance du secours de son Fils pour l'heure terrible qui approchait, comme aussi, pour ceux qu'il allait laisser derrière lui, le gage d'une protection constante. Ce pèlerinage fut donc certainement une grande grâce, une consolation infinie pour celui dont la foi avait surmonté les souffrances, les faiblesses et les inquiétudes humaines pour aller humblement implorer la protection de celle qui s'appelle le salut des infirmes...

Le retour s'effectua dans les meilleures conditions. La nuit que le malade passa en chemin de fer fut la première où il put prendre un repos que de longtemps il ne connaissait plus ! Ceux qui l'avaient vu partir avec tant d'inquiétude constatèrent à son retour une telle amélioration, qu'ils crurent d'abord qu'il avait obtenu là-bas sinon sa guérison, du moins le prolongement d'une vie si précieuse.

Mais nous avons dit que les grâces que M. Catta avait l'intime conviction d'avoir obtenues à Lourdes n'étaient pas d'ordre temporel.

De fait, après que l'amélioration constatée se fut soutenue quelque temps, une aggravation subite se produisit qui fit succéder aux consolants espoirs les inquiétudes dernières.

C'était vers le 20 septembre. Se sentant plus faible que jamais il dut s'aliter, cette fois pour ne plus se relever. Des hémorragies intestinales qui déjà à plusieurs reprises avaient fait craindre que la fin n'approchât à grands pas, se reproduisirent avec une fréquence et une intensité plus inquiétantes encore. D'autres signes de faiblesse accompagnèrent cette dernière rechute. Le regard, qui jusqu'alors n'avait rien perdu de sa vivacité, commença à se voiler. Les mots venaient plus difficilement au malade qui se rendait parfaitement compte de la gravité de cet état et qui peut-être eut le secret pressentiment que le jour marqué par Dieu, jour de la dernière et plus terrible épreuve comme aussi de la délivrance, était arrivé.

Le 25 septembre ramène tous les ans dans la chrétienne paroisse de Chiché la célébration d'une fête particulièrement touchante et par le but auquel elle répond et par la piété avec laquelle elle est observée. Cette date est celle de l'*Adoration Réparatrice*. Au soir du 24, le Saint Sacrement est exposé dans la vieille Eglise et, toute la nuit, la presque unanimité des fidèles viennent successivement s'agenouiller sur les dalles de pierre pour faire amende honorable et acte d'adoration et d'amour à la Sainte Eucharistie. A quatre heures du matin, une messe est célébrée spécialement pour les hommes qui s'approchent en grand nombre de la Sainte Table, et toute la journée du 26 se passe en de beaux offices pour lesquels s'est donné rendez-vous tout le clergé des environs. La fête se termine par la procession du Saint-Sacrement, qui passe par le parc de la demeure dont nous avons parlé et où M. le comte Catta allait rendre bientôt le dernier soupir.

Il prenait toujours part avec bonheur à cette belle fête de l'Adoration, dont il comprenait si bien le sens et dont il goûtait le charme très spécial au milieu d'une population que n'avait pu atteindre le souffle empoisonné de l'impiété moderne.

Ce fut précisément en cette fête que Dieu rappela cette âme qui n'aspirait qu'à lui.

M. Catta avait manifesté le désir de recevoir la sainte communion durant cette nuit du 24 au 25, pendant laquelle les prières montaient si ardentes devant l'ostensoir exposé. M. l'abbé Grolleau, curé de la paroisse, qui dans le jour même entendit sa dernière confession, devait, entre minuit et une heure, se rendre à ce pieux désir.

Vers les neuf heures du soir, la famille tout entière se réunit encore une fois autour du père. Comme de coutume, on fit la prière et on la termina par les invocations à la Sainte Face. Puis l'on se sépara, se donnant rendez-vous en cette même chambre pour la visite du Bon Dieu...

Mlle Catta resta seule près de son père. Elle l'entendit quelque temps encore égrener son chapelet. Vers 10 heures il se sentit défaillir, mais revenant à lui, il dit : « Maintenant j'espère que Dieu me laissera en repos avant de le recevoir. » Et prenant la main de sa fille, il ajouta avec un sourire d'une infinie tristesse :

« Merci de tes soins... tu le vois, c'est bien bon

une fille !. » Peut-être pensait-il alors à la séparation qu'il avait acceptée depuis longtemps et dont, ainsi qu'il l'avait écrit le 2 novembre 1902, il « savourait l'amertume goutte à goutte ».

Un quart d'heure après, la petite garde-malade s'entendit appeler encore, mais cette fois avec des accents déchirants. « Oh ! Marie, je sens que je m'en vais... Appelle tout le monde, ta mère, tes frères... Qu'on aille chercher M. le Curé... Je m'en vais... Je m'en vais... oh ! que je souffre !... Mieux vaudrait la mort... »

Appelés en toute hâte, Mme Catta et son fils Tony, seul présent des aînés avec sa sœur, accoururent, ainsi que M. l'abbé Grolleau. Ce dernier dit au pauvre malade : « Vous offrez bien toutes vos souffrances à Dieu ?

— Oh ! oui, M. le Curé, répondit-il. Oui, toutes...

— Je vais vous donner une dernière absolution avec l'indulgence de la bonne mort. »

M. Catta, qui dans sa souffrance s'était redressé sur son lit, s'inclina devant le geste du prêtre. Puis — dernier témoignage de son invincible foi — il fit un grand signe de croix et s'étendit de nouveau, protégé contre les angoisses de cette heure par ce bouclier dont il s'était couvert. Il tourna le visage du côté de la muraille où était fixée une image de la Sainte Face, et quelque temps après, vers une heure du matin, au moment même où devait venir la divine visite qu'il avait si ardemment désirée, il expira.

*
* *

... Quelques instants plus tard, dans l'église du village où la foule des adorateurs faisait monter vers le Saint Sacrement de si ardentes prières pour celui qu'on croyait encore agonisant, M. l'abbé Grolleau vint annoncer la mort du comte Catta. L'émotion entrecoupait ses paroles ; elle gagna tous les assistants, et l'on put voir des larmes dans les yeux de beaucoup de ces paysans. Ainsi, après les siens, ce fut par des humbles que fut pleuré cet homme de bien. Eux aussi connaissaient la beauté de cette âme. Ils savaient combien ces yeux qui venaient de se fermer pour toujours avaient été ardents quand la passion du bien les enflammaient, tendres et bons devant toute misère...

Le lendemain, dans la chambre mortuaire, commença un long défilé qui devait durer toute la journée; et tous ceux qui purent contempler le visage de ce mort si douloureusement pleuré n'oublieront pas l'expression de sérénité qui semblait y être répandue pour l'éternité.

Comme de coutume, la procession du Saint-Sacrement traversa le parc. Bénédiction apportée comme suprême grâce à la maison en deuil, à la famille en pleurs agenouillée sur le passage de Dieu...

Trois jours plus tard, le 28 septembre, les obsèques furent célébrées en la Cathédrale de Nantes par M. l'archiprêtre Gaborit, en présence de S. G.

Mgr Rouard et au milieu d'un grand concours d'amis. Des délégations de plusieurs établissements religieux, du conseil municipal et du barreau Nantais accompagnèrent la dépouille mortelle jusqu'au cimetière de la Bouteillerie, où M. le Docteur Joüon et M. Pichelin, bâtonnier de l'Ordre des avocats, prononcèrent des paroles émues (1).

Le Dimanche, 26 octobre, une nouvelle et touchante cérémonie funèbre fut célébrée par les soins de la Société de secours mutuels *la Bienfaisance*, dont nous avons vu avec quel dévouement s'était occupé M. Catta. Une messe fut dite par Mgr Rouard, après laquelle il prit la parole pour prononcer l'allocution la plus ardente, les mots à la fois les plus tristes et les plus consolants, l'éloge enfin le plus digne de celui que pleurait toute une ville.

Après avoir adressé à la famille qu'il voyait en deuil devant lui les plus délicates consolations, l'Evêque de Nantes voulut mettre en lumière les exemples qu'avait donnés cette existence trop tôt terminée. Il retraça de cette grande âme l'invincible foi et l'ardente charité ; il dit tous les services rendus à l'Eglise par cet homme de bien qui disparaissait au moment où les temps devenaient plus tristes encore, où l'avenir se faisait plus sombre, où l'on avait plus besoin de caractères et de dévouements. Mais cette voix éloquente se fit encore plus vibrante pour célébrer la mort si chrétienne de celui qui sans doute

(1) Nous reproduisons ces discours à la fin de l'ouvrage.

avait recueilli là-haut la récompense de ses travaux. Cette mort n'était-elle pas, en effet, celle du juste, celle du bon serviteur, celle du soldat qui meurt en plein combat ? Et ce fut sur cette pensée, développée en des termes d'une élévation dont nous regrettons de ne pouvoir donner ici un écho, que Sa Grandeur laissa l'assistance doublement émue et par le souvenir de celui qu'elle était venue pleurer, et par l'éloquente parole qui l'avait célébré : « *Bienheureux ceux qui meurent dans le Seigneur !* ».

C'est aussi sur cette pensée que nous terminerons cette biographie.

De la belle et grande figure que fut M. le comte Catta avons-nous réussi à tracer le portrait que nous voulions garder ?..

La tâche était au-dessus de nos forces, et d'ailleurs il ne nous était pas permis de tout dire. Nous n'avons pu soulever qu'à demi le voile de l'intimité ; il ne nous a pas été possible de mettre en lumière tous les mérites d'une vie à laquelle aucun genre d'épreuve n'a manqué, ni de raconter tous les bienfaits dont lui furent redevables des amis, des parents, des malheureux, des inconnus...

Que du moins cette modeste exquisse serve aux enfants qu'il a laissés et qui continueront son œuvre !

Qu'elle contribue, — s'il est possible, — à consoler celle qui veille sur leurs vies avec son héroïque tendresse !

Qu'elle l'aide à mettre au cœur de ses fils la Foi,

l'Amour et la Force qui conduisirent si haut celui qu'ils pleurent !

Qu'ils comprennent comme lui cette belle devise qu'il avait choisie pour lui-même et pour eux, qu'il leur laisse comme un enseignement permanent et qui résume toute sa vie :

« Va Droit, Dieu garde ! »

En ce lieu de recueillement et de prières, le ferme chrétien qui nous quitte aurait trouvé toute louange déplacée ; mais à l'amitié les regrets ne sauraient s'interdire et, d'ailleurs, il émane de sa vie une si belle leçon de noblesse d'âme qu'il nous faut la recueillir pieusement.

Cette existence se résume en un mot : *fidélité au devoir.*

Carrière publique, vie privée, périodes heureuses, épreuves cruelles, belles espérances et coups répétés, le frappant dans le plus intime du cœur, Catta fut toujours, au milieu des événements les plus extrêmes, l'homme juste, le chrétien sincère, le citoyen esclave du devoir.

Tel il se montra parmi nous, il y a vingt-cinq ans, tel il est demeuré jusqu'à sa dernière heure.

Honoré de hautes amitiés, remarquablement doué pour le labeur intellectuel, sa carrière de magistrat se dessinait brillante devant lui. Mais un jour vint où volontairement il quitta la toge. Ce jour-là, que lui demandait-on ?.. Peu de chose en apparence : obéir à ses supérieurs. Mais ce fut trop pour sa conscience, et, sans balancer, sans calculer ce qu'allaient devenir avec lui, dans le dénuement qui l'attendait, ceux dont il avait la charge, il donnait sa démission.

Sa conscience avait parlé. S'associer, même par la moindre participation à ce qu'elle condamnait comme un attentat aux droits les plus sacrés de l'âme, était une félonie à ses yeux.

Voilà pourquoi, du soir au matin, ignorant de son avenir, ou plutôt, assuré de l'avenir le plus précaire, Catta quittait son siège de magistrat.

Noble exemple! toujours à citer dans nos temps troublés, où les désastres publics sont faits de nos capitulations de conscience, où si peu s'inspirent avant tout de leur devoir!

Cet acte, en notre cité nantaise, encore et toujours fidèle à l'honneur et vibrante à l'unisson des âmes nobles, devait être et fut universellement admiré. On fut ému, on s'honora de connaître, d'encourager ce cœur généreux, et Catta fut adopté par tout ce que Nantes comptait de plus digne.

Bientôt sa place était faite parmi nous. Sa volonté, son énergie, son talent et l'estime publique lui conquéraient au barreau la situation qu'il méritait si bien.

A son foyer venaient s'asseoir la grâce et la force d'âme; la Providence l'entourait d'une famille admirable et lui prodiguait tous ses dons.

Dans les conseils de la ville, il donnait vite sa mesure. Laborieux, perspicace, habile, persévérant et toujours droit, nous l'avons vu vingt ans jouir de l'estime de tous, même de ses adversaires qui reconnaissaient en lui l'honnête homme et le bon citoyen. Au cours de ces vingt années de travail et de luttes, jamais il ne connut hésitation ni tiédeur; jamais il ne fut de ces égoïstes ou de ces peureux que le respect humain paralyse; jamais non plus on ne le vit blesser quelqu'un ni subir d'attaques blessantes.

C'est que l'esprit chrétien l'animait tout entier.

Jaloux de faire respecter ses droits, il respectait ceux des autres et c'est ainsi que nous l'avons vu jusqu'au bout sur la brèche, intrépide et invulnérable dans la défense des libertés les plus saintes, grandissant tous les jours dans la confiance publique, insoucieux de ses fatigues et de sa santé compromise, ajournant à plus tard un repos qu'il ne devait jamais connaître.

Et pour ceux qu'il honorait de son intimité, derrière cette figure austère, quel cœur sensible et bon ! quel dévouement aux humbles et aux pauvres ! quels trésors de tendresse dévouée pour les siens !

L'épreuve devait mettre le dernier sceau à sa grandeur morale et c'est pourquoi, sans doute, le sachant à la hauteur des plus héroïques sacrifices, Dieu voulut le soumettre ces derniers mois aux tortures les plus angoissantes pour un époux et pour un père.

Frappé d'un mal inexorable, mais ballotté bien des fois d'une agonie imminente aux illusions d'une convalescence trompeuse, nous l'avons suivi, gravissant les marches de son calvaire avec la fermeté du sage, avec la résignation pleine de confiance du chrétien. Cette mort inévitable, Catta la regardait bien en face, le cœur déchiré d'angoisses pour les siens, l'âme aspirant aux splendeurs de la vie céleste que Dieu promet à ses fidèles serviteurs.

Que cette grandeur morale nous éclaire et nous guide !

C'est pour vos grands et fortifiants exemples, cher ami disparu, que nous garderons de vous un souvenir attendri, respectueux et reconnaissant, et que nous consolerons ceux qui vous pleurent en leur disant seulement : « Vivez et mourez comme lui ! »

Adieu, Catta ! Nous ne saurions vous plaindre, car, là-haut, votre récompense est assurée et vous laissez derrière vous un nom digne d'envie, une mémoire sans tache, une race de vaillants !

Respectant l'une des dernières volontés de notre cher et si regretté confrère, je ne prononcerai pas sur sa tombe le discours qu'au nom du Barreau j'eusse été si heureux de consacrer à sa mémoire.

Les belles paroles que vous venez d'entendre et qui dépeignent d'une façon si touchante et si vraie ce que fut la vie de ce grand homme de bien, diminuent un peu mes regrets.

Du moins m'est-il permis, et vous auriez souffert s'il en eût été autrement, mes chers confrères, d'exprimer par quelques mots sortis du cœur le chagrin profond que cette mort nous fait éprouver.

Parmi nous, Catta ne comptait que des amis. Jamais, comme on vient de le dire si bien, malgré l'ardeur de ses convictions, il n'eut un mot blessant pour personne, et personne n'eut jamais un mot blessant pour lui. Nous l'aimions autant que nous estimions son grand caractère et son beau talent. Il nous aimait bien aussi, et la dernière parole que je recueillis de sa bouche fut une parole d'affectueux souvenir pour ses confrères du barreau.

Aussi prenons-nous la part la plus vive à la douleur de l'épouse courageuse et tendre qui le soutint dans ses longues souffrances et de sa belle et nombreuse famille à laquelle il est prématurément enlevé.

Que Dieu les soutienne et les console par la pensée de la récompense qu'il reçoit là-haut, pour cette vie tout entière consacrée à la pratique du bien, à la défense de la foi et au culte de la justice.

Au nom du Barreau Nantais, je vous adresse, cher ami, les suprêmes adieux !

TABLE DES MATIÈRES

I

PAYS. — NAISSANCE. — FAMILLE. — EDUACTION . . . 5

II

ÉTUDIANT A PARIS. — TRISTESSES, LUTTES ET VICTOIRES. — SUCCÈS A L'ECOLE DE DROIT. — RETOUR EN CORSE. . 14

III

AU BARREAU DE BASTIA. — DIFFICULTÉS ; CONFIANCE CONTINUELLE EN LA PROVIDENCE. — ENTRÉE DANS LA MAGISTRATURE — MÉDAILLE D'OR AU CONCOURS DE TOULOUSE. — RAPIDE AVANCEMENT. — *La Liberté et le Devoir*. — NOMINATION A NANTES. 31

IV

LE TRIBUNAL ET LE PARQUET DE NANTES. — LES DÉCRETS. — DÉMISSION 57

V

L'EXPULSION DES RR. PP. CAPUCINS DE NANTES. — PROCÈS CONTRE *le Phare*, CONTRE LES COMMISSAIRES DE POLICE TROQUIER, VALLÉE ET AYMARD. — ARRÊT DU TRIBUNAL DES CONFLITS 70

VI

Mariage. — Election au Conseil Municipal de Nantes. Le Comité conservateur du 2e canton. — Défense des Ecoles libres. — Récompense pontificale . . 94

VII

Congrès des Catholiques de l'Ouest. — Le Conseil municipal : les Processions, la *Mairie Blanche*. — Société de secours mutuels *la Bienfaisance*. . . 111

VIII

Haute conception du role de l'Avocat. — L'Assassin David : sa défense, sa conversion. — Procès de la Ligue Patriotique-Antisémite de Nantes . . . 140

IX

Le Régime représentatif. — Idées politiques. — Tact et discipline. — Le comité de défense religieuse. . 167

X

Vertus de l'homme privé. — Epreuves suprêmes. — La dernière maladie. — La Mort. — Les Témoignages. 202